Rafael Hüntelmann

Grundkurs Philosophie VI

Natürliche Ethik

editiones scholasticae

Reihe
Philosophie des gesunden Menschenverstandes

Band 6

Rafael Hüntelmann

Grundkurs Philosophie VI

Natürliche Ethik

editiones scholasticae

Bibliographic information published by Deutsche Nationalbibliothek
The Deutsche Nationalbibliothek lists this publication in the Deutsche Nationalbibliographie; detailed bibliographic data is available in the Internet at http://dnb.ddb.de

53819 Neunkirchen-Seelscheid
www.editiones-scholasticae.de

ISBN 978-3-86838-570-0

2017

Printed on acid-free paper

Printed in Germany
by Strauss GmbH, Mörlenbach

Vorwort zur Schriftenreihe

Philosophie des gesunden Menschenverstandes

> „Seitdem im 16. Jahrhundert die Neuzeit begonnen hat, steht kein einziges philosophisches Weltbild irgendeines Philosophen mehr wahrhaft im Zusammenhang mit der Anschauung irgendeines Menschen von der Wirklichkeit, mit dem, was der gewöhnliche Mensch, wenn man ihn sich selbst überließe, den gesunden Menschenverstand nennen würde. Jedes dieser Systeme ging von einem Paradox aus, von einem besonderen Gesichtspunkt, der jeweils das Opfer einer gesunden Anschauung erfordert."
>
> *Gilbert Keith Chesterton*

Dies ist die sechste Schrift der Reihe *Philosophie des gesunden Menschenverstandes*. Wir verstehen darunter die Philosophie, die die meisten Menschen schon irgendwie implizit besitzen, die sie allerdings nicht explizit ausdrücken können. In dieser Reihe werden wir in verschiedenen kleinen Schriften versuchen, diese Philosophie des gesunden Menschenverstandes explizit zu machen. Die kleinen Schriften dieser Reihe führen in verschiedene zentrale Themen der Philosophie auf systematische, nicht historische Weise ein und sollen den Leser zum selbstständigen Weiterdenken anregen. Ich bin der Auffassung, dass die aristotelisch-scholastische Philosophie am ehesten unseren alltäglichen Intuitionen entspricht und deshalb auch zu Recht häufig als *Philosophie des gesunden Menschenverstandes* bezeichnet wurde. Ich werde aber keine historische philosophische Position darstellen und deshalb auch nicht ständig darauf Bezug nehmen, obgleich das Meiste auf die aristotelische Scholastik zurückgeht, besonders auf Thomas von Aquin und die Neuscholastik. In der Philosophie geht es um die Sache und um die Wahrheit, nicht um historische Richtigkeit. Sollte eine philosophische Theorie der Vergangenheit wahr sein, dann ist es gleichgültig, wie alt sie ist. Es geht dann darum, diese Theorie argumentativ gegen moderne Einwände zu verteidigen, sofern dies möglich ist. Thomas von Aquin hat dies selbst sehr treffend ausgedrückt, als er schrieb, dass es beim

Studium der Philosophie nicht darum gehe zu wissen, was bestimmte Individuen dachten, sondern darum, wie die Dinge sind.

Diese Schriftenreihe wendet sich zuerst an philosophisch interessierte Laien und im Weiteren an Studierende im Grundstudium der Philosophie oder anderer Geisteswissenschaften. In den vergangenen Jahrzehnten, in denen die Philosophie wieder auf größeres Interesse stieß, wurden zahlreiche Einführungen in die Philosophie publiziert, die entweder einen Überblick über die verschiedenen philosophischen Systeme der Vergangenheit geben oder in systematischer Weise, also problem- und sachorientiert, in das philosophische Denken einführen. Diese Einführungen sind oftmals sehr hilfreich und lesenswert. Allerdings ist uns keine einzige Einführung in deutscher Sprache bekannt, die auf der Grundlage der aristotelisch-scholastischen Philosophie und in systematischer Weise in philosophische Grundfragen einführt. Deshalb glauben wir, dass wir mit unserer Schriftenreihe eine Lücke füllen.

Es gibt natürlich verschiedene Gründe, warum diese Philosophie seit langem kaum noch Beachtung findet. So meint man, diese Art der Philosophie habe uns heute nichts mehr zu sagen, sie sei überholt. Hinzu kommt eine nicht selten vorhandene grundsätzliche Ablehnung der mittelalterlichen Philosophie, die man als stark weltanschaulich orientiert betrachtet, ohne offenbar zu bemerken, dass die moderne Philosophie oft erheblich stärker weltanschaulich ausgerichtet ist. Dies wird schon daran erkennbar, dass die moderne Philosophie fast durchweg unseren gewöhnlichen Intuitionen deutlich widerspricht, wie auch Chesterton in dem von mir einleitend angeführten Zitat feststellt. Im angelsächsischen Raum, wo der sogenannte gesunde Menschenverstand oder der *common sense* immer schon stärkeren Einfluss, nicht nur auf die Philosophie, ausgeübt hat, gibt es seit einigen Jahren wieder eine verstärkte Hinwendung zur aristotelisch-scholastischen Philosophie. Und hier zeigt sich, dass diese Philosophie zu den heute meistdiskutierten philosophischen Problemen und Fragen einen Beitrag leisten kann und in vielen Fällen Antworten bietet, die denen der vorherrschenden philosophischen Strömung der Gegenwart, der analytischen Philosophie, zumindest ebenbürtig sind. In den Schriften dieser

Reihe werde ich immer wieder auf Theorien der Gegenwarts-philosophie eingehen und sie vor dem Hintergrund der *Philosophie des gesunden Menschenverstandes* diskutieren.

Natürliche Ethik

Inhaltsverzeichnis

Einleitung
Natürliche Ethik

Eine gewisse, wenn auch vielleicht unklare Vorstellung von dem, was Ethik ist, hatten Sie sicher schon, bevor Sie dieses Buch zu lesen begonnen haben. Sonst hätten Sie das Buch vermutlich gar nicht zu lesen begonnen. Wenn Sie jedoch eine Definition der Ethik geben sollen, wird es schon etwas schwieriger. Das Wort „Ethik" kommt, wie viele philosophische Begriffe, aus dem Griechischen und bedeutet dort so viel wie Charakter, Gesinnung oder Sittlichkeit. Es geht also irgendwie um das richtige Handeln oder Verhalten, um „Charakterbildung". Als philosophische Wissenschaft ist die Ethik die Wissenschaft vom sittlich guten menschlichen Leben. Der Gegenstand, das, worum es in dieser Wissenschaft geht, ist das menschliche Handeln, allerdings nicht das Handeln als solches, denn das ist Thema der Handlungstheorie, die heute eine eigene philosophische Wissenschaft ist. Es geht um das menschliche Handeln hinsichtlich eines guten, gelungenen oder glücklichen Lebens. Man könnte also die Fragestellung der Ethik so formulieren: Was muss ich tun, um wahrhaft glücklich zu werden?

Manchmal wird in der Gegenwartsphilosophie zwischen Moralphilosophie und Ethik unterschieden. In diesem Buch werde ich diese Unterscheidung nicht machen, sondern beides als identisch behandeln. Nach dem vorher Gesagten kann man Ethik jetzt folgendermaßen definieren: „*Ethik oder Moralphilosophie ist jene Wissenschaft, die die freien menschlichen Handlungen, sofern sie mit dem letzten Ziel des menschlichen Lebens in Beziehung gebracht werden, aus den tiefsten Gründen zu erforschen sucht, soweit dies durch das Licht der Vernunft möglich ist*, oder anders und kürzer gesagt: *Die Ethik ist die Wissenschaft, die auf Grund der Vernunft aus den tiefsten Gründen zu erkennen sucht, wie der Mensch leben muss, damit er sein Ziel möglichst gut erreicht*" (Kälin, 1945, 1).

Diese Definition enthält mehrere Begriffe, die ich kurz erläutern möchte. Zunächst ist die Rede von *freien* Handlungen. Es geht in der Ethik nicht um alle möglichen Handlungen, wie sie z. B. von der Handlungstheorie oder der Psychologie untersucht werden, sondern nur um freie Handlungen. Reflexe, wie sie etwa vom Neurologen bei der Untersuchung des Nervensystems geprüft werden, sind keine freien Handlungen. Was genau der Begriff „frei" bedeutet, muss noch geklärt werden, und dies ist auch ein Thema der Ethik. Wenn jemand mit einer Pistole am Kopf gezwungen wird, den Tresor zu öffnen, ist das Öffnen des Tresors jedenfalls keine freie Handlung.

Des Weiteren wird in der Definition gesagt, dass die Handlungen nur insofern betrachtet werden, als sie für das *letzte Ziel* des Menschen von Bedeutung sind. Dies setzt voraus, (a) dass es ein solches letztes Ziel des Menschen überhaupt gibt, was natürlich begründet werden muss, und (b) dass es Handlungen gibt, die auf ein solches letztes Ziel gerichtet sind. Thema der Ethik ist somit die Untersuchung der Ziele bzw. Zwecke menschlicher Handlungen und die Frage, ob es ein letztes Ziel aller Handlungen gibt, und, wenn ja, was dieses letzte Ziel ist.

Einen dritten Punkt in der Definition möchte ich noch erwähnen, nämlich den, dass die Ethik oder Moralphilosophie eine Wissenschaft ist, die sich bei ihrer Forschung nur auf die menschliche Vernunft verlässt. Dies bedeutet, dass es in der Ethik nicht um Gebote oder Verbote geht, die z. B. durch eine Offenbarung bekannt gemacht wurden. Philosophische Ethik unterscheidet sich dadurch etwa von Moraltheologie, die eine göttliche Offenbarung zur Voraussetzung hat, zu der gehört, dass Gott bestimmte Gebote und Verbote gegeben hat, nach denen sich der Mensch richten sollte. Am bekanntesten, zumindest in der christlich-jüdischen Tradition, sind hier die Zehn Gebote. Dies bedeutet allerdings nicht, dass eine Ethik oder Moral, die auf Offenbarung beruht, einer rationalen Ethik widersprechen muss. Ich würde umgekehrt aber sagen, dass eine

Ethik, die sich auf eine Offenbarung beruft, jedoch in bestimmten, grundlegenden Punkten der rationalen Ethik widerspricht, falsch sein muss.
So viel zunächst zur Definition der Ethik. Nun habe ich dieses Buch und die darin vorgestellte Ethik aber als *natürliche* Ethik bezeichnet. Deshalb werden Sie sich die Frage gestellt haben, was denn hier das Wort „natürlich" bedeuten soll. Und man könnte auch fragen, ob es „unnatürliche Ethiken" gibt, wenn die hier vorgestellte Ethik als „natürlich" bezeichnet wird. Ich bin in der Tat der Überzeugung, dass es zahlreiche nichtnatürliche Ethiken gibt, dass die meisten modernen ethischen Theorien mehr oder weniger unnatürlich sind, wenn man den Begriff „natürlich" richtig versteht.

Das Prädikat „natürlich" besagt zunächst so viel wie „naturgemäß", der Natur entsprechend. Doch von welcher Natur ist hier die Rede? Geht es um die Natur um uns herum, um die Landschaften, die Pflanzen und Tiere? In gewisser Weise spielt diese Natur in der natürlichen Ethik eine Rolle, doch dies ist nicht primär mit dem Begriff der Natur im Zusammenhang mit der natürlichen Ethik gemeint. Da es um Ethik geht und es bei der Ethik, wie wir schon aus der Definition gelernt haben, um die freien Handlungen geht, die es nur beim Menschen gibt, geht es in der natürlichen Ethik um die Natur des Menschen, um die menschliche Natur. Die natürliche Ethik ist eine der menschlichen Natur entsprechende Ethik. Doch ist diese Antwort auch noch unvollständig, denn Sie wissen noch nicht, was denn die menschliche Natur ist. In der klassischen Philosophie, und das ist die aristotelisch-thomistische Philosophie, wird der Begriff „menschliche Natur" mehr oder weniger gleichbedeutend mit dem Begriff des „menschlichen Wesens" gebraucht. Ich sage „mehr oder weniger", weil es einen Unterschied gibt zwischen dem *Wesen* eines Menschen und der *Natur* des Menschen. Der Begriff der menschlichen Natur bezieht sich mehr auf die Tätigkeit des Menschen, während das Wesen des Menschen dasjenige ist, aus dem die Tätigkeit des Menschen erfließt, was also gewissermaßen die Voraussetzung der menschlichen Tätigkeiten ist. Doch für unseren Zusammenhang können wir diesen Unterschied unberücksichtigt lassen und im Weiteren werde ich beide Begriffe auch synonym verwenden. Dies bedeutet dann, dass ich hier eine Ethik vorstellen möchte, die der Natur des Menschen, dem Wesen des Menschen entspricht; eine Ethik, könnte man sagen, die das Wesen des Menschen zu entfalten hilft.

Und was ist nun dieses Wesen, diese Natur des Menschen? Von alters her wird die Natur des Menschen als *animal rationale*, oder auf Griechisch als *zoon logon echon* bezeichnet. Auf Deutsch bedeutet dies so viel wie das *vernunftbegabte Sinneswesen* oder, wenn man wörtlich übersetzen würde, das vernunftbegabte Tier. Die natürliche Ethik geht davon aus, dass sich aus dieser Natur des Menschen bestimmte Rechte und Pflichten ergeben und dass dies die grundlegenden Rechte und Pflichten des Menschen sind, oder anders gesagt, dass die Beachtung dieser Rechte und Pflichten dazu führt, dass der Mensch in vollem Sinne menschlich wird, dass der Mensch sich voll entfalten kann bzw. dass die Beachtung dieser Rechte und Pflichten der recht verstandenen Selbstverwirklichung des Menschen dient. Die menschliche Natur ist von sich aus auf ein bestimmtes Ziel gerichtet, in dem sie sich verwirklicht, dessen Erreichung sie bei allen Tätigkeiten im Letzten anstrebt. Dieses Ziel ist, so viel sei schon hier gesagt, die *Glückseligkeit*, das vollkommene Glück. Die natürliche Ethik ist die Wissenschaft, die untersucht, wie der Mensch dieses Glück erreichen kann, wie der Mensch wirklich glücklich werden kann.

Das sind freilich alles nur Andeutungen, und dazu auch noch mit großen Worten. Doch darum wird es in diesem Buch gehen. Wir alle streben nach dem, was gut für uns ist. Doch oft ist es so, dass wir etwas für gut halten und deshalb anstreben, obwohl sich später herausstellt, dass es alles andere als gut ist. Daher ist es offensichtlich keine bloße Gefühlsangelegenheit, herauszufinden, was gut für uns ist. In allen unseren freien Handlungen streben wir nach etwas Gutem, doch es bedarf oft langer Überlegung und rationaler Bemühung, um zu erkennen, was wirklich gut ist, und erst recht, was das

Gute selbst ist. Dies ist das Thema der Ethik. Was gut für uns ist, ist das, was uns unserem natürlichen Ziel näherbringt, wodurch wir uns selbst als Menschen verwirklichen und worin unser Menschsein sich erfüllt. Dies ist eine objektive Wirklichkeit, nicht etwas, was sich bestimmte Menschen ausgedacht haben, denn es ergibt sich aus der Natur des Menschen. Dies ist die Grundüberzeugung der natürlichen Ethik.

Das Gebiet der Ethik ist heute so umfangreich geworden, dass es unmöglich ist, auch nur die wichtigsten Positionen einigermaßen vollständig darzustellen. Deshalb muss ich mich in diesem Buch beschränken. Da es auf dem aktuellen Buchmarkt kein anderes Buch zur natürlichen Ethik bzw. zur klassischen Naturrechtsethik, wie diese Moralphilosophie früher genannt wurde, gibt, werde ich mich vor allem auf die Darstellung dieser Ethik konzentrieren. Die anderen wichtigen Theorien der Ethik in der Gegenwartsphilosophie werden aber nicht ganz außer Acht gelassen, sondern auch kurz vorgestellt und insofern diskutiert, als sie Einwände gegen die natürliche Ethik vorgebracht haben.

Wenn wir uns mit Ethik beschäftigen, dann sind wir besonders daran interessiert zu erfahren, was *objektiv gut* ist. Wir wollen wissen, ob es objektive moralische Gebote gibt, die ein Fundament in der Wirklichkeit haben. Dazu muss die Ethik aber in der Ontologie gegründet werden. Die Tendenzen der gegenwärtigen ethischen Theorien gehen eher in die entgegengesetzte Richtung. Sie versuchen z. B. eine Ethik zu entwickeln, die von möglichst vielen Menschen unterschiedlicher Kulturen akzeptiert werden kann. Aber allgemeine Zustimmungsfähigkeit oder Intersubjektivität sagt nichts über die Objektivität einer Ethik aus. Ich bin der Überzeugung und werde auch dafür argumentieren, dass allein die natürliche Ethik eine objektive Ethik darstellt, weil sie alle moralischen Gebote und Verbote bzw. alle Rechte und Pflichten, alle moralischen Imperative und

Normen in der Natur des Menschen begründet. Wir werden im folgenden ersten Kapitel deshalb zunächst die Frage stellen, ob es einen objektiven Begriff des Guten gibt.

1. Eine realistische und objektive Ethik

Objektiv gut

Die erste Frage, die ich beantworten möchte, lautet: Gibt es einen objektiven Begriff des Guten? Es geht hier also nicht darum, was jemand persönlich für gut hält. Hier mag jeder unterschiedliche Präferenzen haben und man sagt, es sei Geschmackssache, ob ein bestimmtes Kunstwerk oder ein bestimmtes Essen gut ist. Für gewöhnlich beurteilen Menschen bestimmte Dinge unterschiedlich. Was einem gefällt, ist für einen anderen schlecht. Für eine objektive und realistische Ethik benötigen wir aber zuerst einen allgemeinen Begriff des Guten, der objektiv ist, sofern es überhaupt einen solchen objektiven Begriff des Guten gibt, was heute weitgehend bezweifelt wird.

Beginnen wir bei der Suche nach einem objektiven Begriff des Guten mit einem ganz einfachen Beispiel. Ein geometrischer Kreis ist dadurch definiert, dass alle Punkte einer Linie in gleichem Abstand von einem Mittelpunkt sind. Wenn nun jemand einen Kreis freihändig an eine Schultafel malt oder im Sand mit dem Finger zeichnet, dann ist dieser Kreis vermutlich nicht so gut wie ein mit einem Zirkel auf ein Blatt Papier gezeichneter Kreis. Einen schnell mit Kreide an die Tafel gemalten Kreis wird man als schlechtes Beispiel eines Kreises bezeichnen, während man den mit dem Zirkel auf Papier gezeichneten Kreis als gut bezeichnet. Dass der letztere Kreis gut ist, ist objektiv der Fall. Weshalb? Weil er dem Ideal, der *Definition* des Kreises besser entspricht als der grob mit Kreide an die Tafel gemalte Kreis. Dieser ähnelt zwar einem Kreis und wenn man weiß, was ein Kreis ist, wird man ihn als solchen erkennen, aber der mit dem Zirkel gezeichnete Kreis entspricht dem, was ein Kreis ist, weit besser. Das Kriterium dafür ist das Ideal oder, besser gesagt, die Definition des Kreises als einer Linie, die an allen Punkten gleich weit von einem Mittelpunkt entfernt ist. Diese Definition bezeichnet das *Wesen* des Kreises, das, *was* ein Kreis ist. Ein objektiv guter Kreis ist ein solcher, der dem Wesen des Kreises am nächsten kommt. In diesem Fall können wir also tatsächlich sagen, wann etwas *objektiv* gut ist.

Wenden wir uns einem anderen Beispiel zu. Gibt es einen objektiv guten Kastanienbaum, oder ist es nur Geschmackssache, einen Kastanienbaum als gut oder schlecht zu beurteilen, bzw. hängt diese Beurteilung von menschlichen Zwecken ab? Vergleichen wir zwei Kastanienbäume miteinander. Der eine Baum steht seit etwa 300 Jahren im Stadtpark. Er hat sehr tiefe Wurzeln, mit denen er Nährstoffe auch aus größerer Tiefe erreicht, selbst wenn es im Sommer viele Wochen nicht regnet. Er hat einen kräftigen, gerade gewachsenen Stamm und gleichmäßig nach oben strebende Äste, die im Sommer dicht mit Blättern bewachsen sind und zahlreiche Kastanien tragen. Ein anderer Kastanienbaum steht in einem bayerischen Biergarten. Er hat vergleichsweise oberflächliche Wurzeln, weil der Untergrund zu fest ist, um tief zu wurzeln. Deshalb schauen die Wurzeln zum Teil an der Oberfläche heraus. Der Stamm ist ungleichmäßig gewachsen und geneigt, da der Baum durch seine schwachen Wurzeln nicht in der Lage ist, den Winden im Herbst und Frühjahr zu widerstehen. Entsprechend sind die Äste schwach ausgebildet und das Blätterdach lässt im Sommer einige Lücken. In bestimmten Jahren hat der Baum nur wenige Kastanien.

Dieses Beispiel zeigt zwei verschiedene Kastanienbäume: der erste wird von den meisten Betrachtern als ein guter Kastanienbaum bezeichnet, während der zweite als eher schlecht beurteilt wird. Warum bezeichnen die Betrachter den einen Baum als gut und den anderen als weniger gut oder schlecht? Liegt dies an ihren subjektiven Präferenzen? Oder gibt es auch hier ein objektives Maß, das uns sagt, ob etwas gut oder schlecht ist? Es gibt in der Tat ein solches objektives Maß, nämlich, wie bei dem Kreis, die *Wesenheit* des Kastanienbaums. Beide Bäume sind Kastanienbäume und insofern instanziieren sie die gleiche Wesenheit. Aber der erste Baum repräsentiert das, was ein Kastanienbaum ist, in vollkommenerer Weise als der zweite Baum. An diesem Wesen des Kastanienbaumes orientieren wir uns bei der Beurteilung des Baumes, zumindest dann, wenn es uns um ein objektives Urteil über die Qualität des Kastanienbaums geht. Man kann natürlich subjektive Präferenzen haben und dementsprechend die beiden Bäume anders beurteilen. Ein Zeichner sucht vielleicht nach einem etwas verkrüppelten Baum für seine Zeichnung, da dieser künstlerisch interessanter ist. In diesem Fall sind persönliche oder künstlerische Kriterien für die Beurteilung ausschlaggebend und nicht das objektive Wesen des Baumes. Wenn es um die Beurteilung des Kastanienbaumes *als* Kastanienbaum geht, dann ist der erste Baum objektiv ein guter Kastanienbaum, und dies sieht man ihm auch an.

Ich könnte die Anzahl der Beispiele vermehren, mit deren Hilfe wir zu der Einsicht kommen, dass zumindest in der Natur die Dinge gut sind, die ihre Wesenheit besonders klar zum Ausdruck bringen. Die bekannte Tugendethikerin *Philippa Foot* hat einige ähnliche Beispiele angeführt, die auf einen objektiven Begriff des Guten hinweisen (2001, 31ff.). Eine Löwin, die für ihre Jungen ausreichend Nahrung besorgt, indem sie erfolgreich jagt, die ihre Jungen vor Angreifern beschützt und ihnen das Jagen beibringt, ist eine gute Löwin. Eine Löwin, die dies nicht tut, die ihre Jungen vernachlässigt und zuerst für sich selbst sorgt, die wenig erfolgreich bei der Jagd ist usw., ist eine schlechte Löwin. Diese Beurteilungen sind objektiv, sie ergeben sich aus der Natur des Löwen. Es gehört zur Natur einer Löwin, möglichst viele Jungen durchzubringen, und deshalb ist eine gute Löwin eine solche, die dabei erfolgreich ist. Natürlich ist die Löwin, die dabei weniger erfolgreich ist, deshalb nicht „schuldig", wenn ihre Jungen verhungern, ebenso wenig wie der Kastanienbaum im Biergarten „schuldig" ist, dass er so oberflächlich wurzelt. Moralische Beurteilungen sind auf Pflanzen und Tiere nicht anwendbar. Ihre Mangelhaftigkeit beruht auf Krankheiten oder genetischen Defekten und nicht auf freien Entscheidungen. Es geht bei diesen Beispielen, die ich angeführt habe, zunächst nur darum, deutlich zu machen, dass es objektive Kriterien dafür gibt, ob etwas gut oder schlecht ist.

Gut ist ein attributives Adjektiv

Betrachten wir jetzt zunächst das Wort „gut" etwas genauer. *David Alexander* (2012, 31ff.) hat eine Auffassung verteidigt, die von dem englischen Logiker *Peter Geach* stammt, dass es sich bei dem Wort „gut“ nicht um ein *prädikatives*, sondern um ein *attributives* Adjektiv handelt. Was ist damit gemeint? Bei einem prädikativen Adjektiv kann man aus dem Satz „x ist ein rotes Fahrrad“ schlussfolgern, dass x rot ist und dass x ein Fahrrad ist. Dies geht nicht bei dem Wort „gut“. Aus dem Satz „x ist ein gutes Fahrrad“ folgt nicht „x ist gut“ und „x ist ein Fahrrad“. Wir können nämlich von „x ist ein rotes Fahrrad“ schließen, „x ist ein rotes Fahrzeug“, denn alle Fahrräder sind Fahrzeuge. Doch hinsichtlich des Adjektivs „gut“ ist dies nicht möglich. Dies erkennt man an folgendem Beispiel deutlicher: Aus dem Satz „John ist ein guter Chemiker“ folgt nicht „John ist gut“ und „John ist ein Chemiker“. Wenn diese Folgerung möglich wäre, dann würde aus „John ist ein guter Chemiker“ und „Alle Chemiker sind Menschen“ ebenfalls folgen „John ist ein guter Mensch“. Doch ein guter Chemiker ist nicht notwendigerweise auch ein guter Mensch. Daraus folgt, dass „gut“ kein prädikatives Adjektiv ist. Geach schließt daraus, dass „gut“ immer nur so verwendet werden kann, dass „x ist gut“ bedeutet: „x ist ein gutes K“. Durch K wird hier eine nähere Bestimmung dessen eingeführt, was als „gut“ bezeichnet wird, also z. B. der Chemiker. Das Wort „gut“ modifiziert eine nähere Bestimmung eines x. Dies ist der Unterschied zu einem prädikativen Adjektiv wie „rot“, das immer in gleicher Weise angewandt werden kann. Peter Geach drückt dies auch durch folgendes Beispiel aus: Wenn man nicht weiß, wozu ein Hygrometer da ist, dann weiß man auch nicht, ob es sich um ein gutes oder schlechtes Hygrometer handelt. Denn ich weiß nicht, was der Zweck eines Hygrometers ist, und die Qualität „gut“ oder „schlecht“, die man einem solchen Gerät zuspricht, ist abhängig davon, ob es diesen Zweck erfüllt. Dies bedeutet weiterhin, dass es zum Verständnis eines Satzes wie „ein gutes x“ gehört, dass ich das Wesen oder die Funktion dieses x kennen muss. Ein guter Chemiker ist jemand, der seine Aufgabe als Chemiker gut erfüllt. Dass etwas gut ist, hängt also offenbar zusammen mit dem *Wesen* der Sache und mit der zu diesem Wesen gehörenden *Funktion* oder dem *Zweck*. Bei Artefakten wie dem Hygrometer ist das Wesen des Dinges mit seiner Funktion identisch und daher wissen wir, was ein Hygrometer ist, wenn wir seine Funktion kennen, nämlich, dass es dazu dient, den Flüssigkeitsgehalt in der Luft zu messen. Ein gutes Hygrometer ist entsprechend ein solches Gerät, dass diese Aufgabe zuverlässig erfüllt. Bei Lebewesen ist dies etwas anders, aber auch hier ist die Kenntnis des Wesens und des Ziels, die bei Lebewesen nicht identisch sind, erforderlich, um zu sehen, ob das in Frage stehende Exemplar einer bestimmten Art, wie des Löwen, ein guter Löwe ist oder nicht.

Zusammengefasst bedeutet dies, dass die Qualität „gut" in einem Zusammenhang mit dem Wesen und Zweck bzw. Ziel einer Entität steht. Logisch ausgedrückt hat Geach zu zeigen versucht, dass die Worte „gut" und „schlecht" bzw. „böse", anders als logisch prädikative Adjektive, nicht von dem Substantiv getrennt werden können, das sie modifizieren. Aussagen der Form „x ist gut" sind also semantisch unvollständig. Das Argument ist relativ einfach, hat aber erhebliche Auswirkungen auf die Ethik bzw. genauer gesagt auf die Metaethik. Wie nicht anders zu erwarten, gab es verschiedene Einwände gegen dieses Argument von Peter Geach, zumal einige der wichtigsten Vertreter der Ethik im 20. Jahrhundert, und insbesondere sogenannte moralische Realisten wie George Edward Moore, das Wort „gut" im Sinne eines Prädikats behandelt haben. David Alexander hat in seiner Studie alle diese Gegenargumente widerlegt (David E. Alexander 2012, 35ff.).

Objektiv moralisch gut

Ich habe zuvor zu zeigen versucht, dass es einen objektiven Begriff des Guten gibt, der sich aus der Natur einer Sache oder eines Lebewesens ergibt, das bestimmte Ziele und Zwecke verfolgt. Gibt es nun auch ein objektiv *moralisches* Gut? Das heißt, gibt es auch für den Menschen objektive moralische Gebote oder objektive moralische Rechte und Pflichten? Objektive moralische Gebote oder Rechte bedeutet auch hier, dass es sich um solche Rechte und Pflichten handelt, die nicht von persönlichen, subjektiven Präferenzen abhängig sind und auch nicht von dem, was wir uns wünschen, dass es sein sollte. Es geht vielmehr um Rechte und Pflichten bzw. einen moralischen Begriff des Guten, der aus der „Perspektive der dritten Person“ besteht, wie man heute sagt. Dazu möchte ich jetzt einige Hinweise geben, die wir dann später wieder aufgreifen und vertiefen werden.

In der Ethik geht es um freie Handlungen, und dies ist zunächst der wesentliche Unterschied zu dem, was ich zuvor über das Gute in Bezug auf Pflanzen und Tiere gesagt habe. Es geht um praktische Fragen und Probleme, z. B. um die Frage, warum der Mensch überhaupt etwas tut, warum wir handeln? Ich glaube, Sie werden mir zustimmen, wenn ich sage, dass wir nicht nur deshalb handeln, um überhaupt etwas zu tun – obwohl auch das aus lauter Langeweile vielleicht schon mal vorkommen kann –, sondern wir tun etwas, um damit ein Ziel zu erreichen, und sei es, die Langeweile zu vertreiben. Bei diesem Ziel kommt unser Tun zu einem Abschluss, zu einem Ende, zumindest für eine kurze Zeit. Danach geht es oft gleich weiter mit einer anderen Aufgabe, die zu tun ist, die aber auch irgendwann zu Ende kommt, wenn das Ziel erreicht ist. Man kann also sagen, dass jede Handlung um eines Zieles willen geschieht. Wir haben bei allem Tun ein Ziel vor Augen.

Wie bei Tieren und Pflanzen gilt auch für den Menschen, dass er sich durch seine Handlungen *vervollkommnen* will. Der Begriff „vervollkommnen“ hört sich vielleicht etwas sehr hochtrabend an. Er meint aber hier nur die schlichte Tatsache, dass jede Handlung danach strebt, etwas zu verbessern. Wenn Sie Durst haben, werden Sie versuchen, diesen Durst dadurch zu stillen, dass Sie sich etwas zu trinken besorgen. Dadurch vervollkommnen Sie sich. In diesem Sinne ist das Wort hier und im Folgenden im Allgemeinen gemeint. Auch beim Menschen ergeben sich die Ziele und Zwecke seiner Handlungen aus seiner Natur oder Wesenheit. Durch unsere Tätigkeiten streben wir danach, unser Leben zu verbessern, uns selbst zu verwirklichen. Das, was wirklich gut für uns ist, wodurch wir uns selbst verwirklichen, ist aber unsere Wesenheit. Es geht darum, in und durch unser Handeln unsere Wesenheit zu vervollkommnen, unsere Wesenheit zu entfalten, „menschlicher“ zu werden. Die Ziele und Zwecke, die sich aus der Wesenheit ergeben, sind das Maß, an dem gemessen werden kann, ob unsere Handlungen gut oder schlecht sind. Diese Wesenheit und die sich aus ihr ergebenden Ziele und Zwecke sind aber objektiv vorgegeben. Wir haben uns diese Wesenheit, dass wir Menschen sind, nicht selbst gegeben. Wir finden uns in der Welt vor als Menschen und sollen dieses Menschsein entfalten. In gewisser Weise ist uns das Menschsein als Aufgabe vorgegeben. Dies ist ein Unterschied des Menschen zu den Pflanzen und Tieren. Sie folgen aus ihrem inneren Antrieb ihrer Natur und tun ganz von selbst alles, was ihrer Natur entspricht und was dazu beiträgt, ihre Natur zu entfalten. Beim Menschen ist dies nicht der Fall. Er kann sich irren und etwas für gut halten, was in Wirklichkeit nicht gut für ihn ist. Bei Kindern sehen wir dies oft deutlich. Ein Kind würde ohne Eingreifen der Eltern so viel Eiskreme essen, bis ihm übel wird. Deshalb passen die Eltern auf und müssen unter Umständen gegen den heftigen Protest des Kindes ein weiteres Eis verbieten. Bei uns selbst erkennen wir gelegentlich nicht so deutlich, was gut oder schlecht für uns ist, oder wir bemerken dies erst später, nachdem wir einen Fehler begangen haben. Dass etwas ein Fehler war, dies können wir aber nur sagen, wenn es ein Maß gibt, und in moralischer Hinsicht muss dieses Maß objektiv sein.

Ein Argument gegen eine objektive Moral

Bevor wir diese Ausführungen vertiefen, möchte ich noch ein bekanntes und verbreitetes Argument gegen die Objektivität der Moral vorstellen, das von dem australischen Philosophen *J. L. Mackie* (1917–1981) stammt. Das Argument ist bekannt unter dem Namen „argument from queerness", was man etwa mit „Argument der Eigenartigkeit oder Seltsamkeit" übersetzen könnte (J. L. Mackie, 1977). Mackie argumentiert gegen die Objektivität moralischer Werte, indem er auf die eigenartigen oder seltsamen Konsequenzen hinweist, die eine solche Auffassung seiner Meinung nach mit sich bringt. Es handelt sich also in logischer Hinsicht um ein Argument in der Form des *modus tollens*. Mackie meint, wenn es solche objektiven moralischen Werte gäbe, dann wären dies Entitäten einer sehr seltsamen oder eigenartigen Art, die völlig anders wären als alles andere im Universum. Mackie will damit sagen, dass diese Entitäten, also die Werte oder ähnliche moralische Entitäten, völlig unnatürlich wären, wenn es sie gäbe. Dabei setzt Mackie den Naturalismus als selbstverständlich voraus, also die Auffassung, dass es nichts im Universum gibt, das nicht physisch ist oder zumindest auf Physisches zurückgeführt werden kann. Wenn es moralische Entitäten wie Werte gäbe, also z. B. den Wert Gerechtigkeit, dann könnten diese Entitäten aber nicht auf irgendetwas Physisches zurückgeführt werden. Bestenfalls würde es sich dabei um subjektive Vorliebe oder auch um eine intersubjektive Vereinbarung handeln, d. h. um eine Vereinbarung zwischen Menschen, sich so und so zu verhalten. Denn die Beziehung zwischen natürlichen Entitäten, die von den Naturwissenschaften beschrieben werden, und den nichtnatürlichen moralischen Entitäten sei völlig mysteriös bzw. eine solche Beziehung lasse sich gar nicht erklären.

Dieses Argument ist tatsächlich sehr voraussetzungsreich, denn es müsste zunächst bewiesen werden, dass der philosophische Naturalismus wahr ist. Ein solcher Beweis ist allerdings kaum möglich, wie erst kürzlich von *Thomas Nagel* (2013) gezeigt wurde. Allerdings ist der Naturalismus in der Gegenwartsphilosophie die bestimmende philosophische Grundrichtung und deshalb mag es vielen Philosophen so erscheinen, als sei diese Auffassung selbstverständlich.

Aber auch ohne eine grundsätzliche Auseinandersetzung mit dem Naturalismus zu führen, lässt sich das Argument Mackies entkräften, zumindest dann, wenn man die oben angedeutete Theorie der natürlichen Ethik weiterverfolgt, die nicht behauptet, dass es irgendwelche „unnatürlichen" moralischen Eigenschaften oder Entitäten gibt. Die natürliche Ethik ist keine „Werteethik", d. h., sie ist nicht der Auffassung, dass es Entitäten wie Werte oder Ähnliches gibt, sondern sie begründet die Ethik aus der „Natur" des Menschen, wobei dieser Naturbegriff sich freilich vom Naturalismus unterscheidet.

2. Die Natur des Menschen und seine Ziele

Metaphysische Grundlagen

Um eine realistische und objektive Ethik zu entwickeln, ist eine ontologische Grundlage erforderlich. Die Ontologie ist die Wissenschaft vom Seienden als Seienden. Wenn wir wissen wollen, ob etwas real oder objektiv ist, dann müssen wir zunächst untersuchen, was mit diesen Begriffen genau gemeint ist. Diese Untersuchung gehört aber in den Bereich der Ontologie. Real ist, ganz allgemein gesagt, das, was nicht nur in unserem Wahrnehmen, Erkennen und Denken existiert, sondern auch unabhängig davon in der Welt. In Bezug auf die Ethik wird die Frage oftmals so gestellt, dass man danach fragt, welchen ontologischen Status moralische Urteile haben. Dies bedeutet z. B., welche Existenzweise das moralische Urteil hat, dass man Kinder nicht bloß zum eigenen Vergnügen quälen soll. Jeder normale Mensch wird dem Urteil unmittelbar zustimmen, dass man Kinder nicht zum bloßen Vergnügen quälen darf. Doch ist dieses moralische Urteil deshalb schon objektiv, weil eine überwältigende Mehrheit von Menschen ihm zustimmt? Auch ein moralisches Urteil, das von den allermeisten Menschen akzeptiert wird, muss deshalb noch nicht objektiv bzw. real sein (ich verwende beide Begriffe hier synonym). Das sieht man an einem anderen nichtmoralischen Beispiel. Im Mittelalter gab es in Europa kaum Menschen, die bestritten hätten, dass die Erde die Form einer Scheibe habe. Das Urteil „Die Erde hat die Form einer Scheibe" war *intersubjektiv* akzeptiert, aber deshalb nicht objektiv wahr. Intersubjektivität ist nicht identisch mit Objektivität. Viele moderne Ethiker sind aber heute der Auffassung, dass man von moralischen Urteilen nicht mehr erwarten könne als intersubjektive Geltung, weil sie nicht daran glauben, dass es eine objektive und realistische Ethik geben kann.

Moderne moralische Realisten behaupten, dass moralische Urteile wie das zuvor genannte nicht nur wahr oder falsch sein können, sondern dass solche Urteile auch objektiv existieren. Sie behaupten, dass moralische Urteile auf moralischen Tatsachen beruhen, die unabhängig von unseren Meinungen oder Überzeugungen von solchen Tatsachen existieren. Ein moralischer Realist muss dann aber erklären, welchen ontologischen Status solche moralischen Tatsachen haben, wie und wo diese Tatsachen existieren. Er muss erklären, was eine moralische Tatsache ist, und er muss erklären, wie wir solche Tatsachen erkennen können. Es gibt auf diese Herausforderungen in der modernen Ethik unterschiedliche Antworten, die meines Erachtens unbefriedigend sind. Sind moralische Tatsachen so etwas wie platonische Ideen, die in einem eigenen idealen Reich existieren? Oder handelt es sich bei moralischen Tatsachen um ganz natürliche Tatsachen wie die Tatsache, dass Kinder, die Schmerzen haben, schreien? Ich glaube, dass die Fragestellung bereits falsch ist. Man kann nicht moralische Tatsachen für sich betrachten, sondern nur im Zusammenhang mit dem Menschen. Bei der Moral geht es um ein „richtiges" Handeln oder, allgemeiner gesagt, es geht um den Menschen. Deshalb müssen wir zuerst fragen, was denn der Mensch ist. Natürlich müssen wir hier keine vollständige philosophische Anthropologie entwickeln. Aber für eine natürliche Ethik müssen wir zunächst nach der *Natur* des Menschen fragen. In der aristotelisch-thomistischen Philosophie gibt es ein Prinzip, das lautet: *agere sequitur esse*, das Handeln folgt aus dem Sein. In Bezug auf die Ethik und auf unsere Fragestellung bedeutet dies, dass wir das *Sein* des Menschen, seine *Natur* verstehen müssen, denn aus dieser Natur folgt das Handeln des Menschen. Zumindest ist dies die Grundüberzeugung der natürlichen Ethik. Diese Natur des Menschen bildet den ontologischen Hintergrund der natürlichen Ethik. Wir müssen nach der „Ontologie des Menschen" fragen, d. h. nach dem Sein des Menschen bzw. nach dem Wesen des Menschen. Aus dieser Natur, aus dem Wesen des Menschen ergibt sich dann möglicherweise eine Einsicht in die Moral. Man kann nämlich bereits vorweg annehmen, dass eine

Handlung gut ist, die dem Wesen des Menschen entspricht, und umgekehrt eine Handlung schlecht oder böse ist, die dem Wesen des Menschen widerspricht. Daher trifft es nicht zu, wenn immer wieder behauptet wird, dass die natürliche Ethik bzw. die Naturrechtsethik nicht sagen kann, was es bedeutet, dass „Rechte durch die Natur selbst vorgegeben sind“ (z. B. P. Stemmer 2000, 77f.). Dies lässt sich sehr genau sagen, wie wir sogleich sehen werden.

Die wichtigsten ontologischen oder metaphysischen Voraussetzungen einer realistischen Ethik habe ich bereits in den anderen Bänden dieser Reihe ausführlich erörtert. Hier geht es vor allem nun darum, diese Voraussetzungen auf den Menschen anzuwenden. Für eine realistische Ethik sind besonders zwei Voraussetzungen von größter Bedeutung.

Die Natur des Menschen

Eine solche Ethik ist *essentialistisch*, d. h., sie ist der Überzeugung, dass der Mensch eine Natur, eine Wesenheit besitzt, und sie ist *teleologisch*, d. h., sie ist der Auffassung, dass alle natürliche Substanzen einschließlich des Menschen inhärente Finalursachen besitzen, die auf Ziele oder Zwecke gerichtet sind, die sich aus der Natur dieser natürlichen Substanzen ergeben (Feser 2015, 297). Mit anderen Worten und fachterminologisch ausgedrückt bedeutet dies, dass die ontologische Voraussetzung der natürlichen Ethik in der Annahme von Formal- und Finalursachen besteht. Diese Voraussetzung unterscheidet die natürliche Ethik von allen anderen modernen ethischen Theorien, einschließlich derjenigen Theorien, die sich selbst als „realistische Ethiken“ bezeichnen und auf die ich später zurückkommen werde. Was diese Voraussetzungen nun genauer bedeuten, habe ich bereits im vorhergehenden Kapitel im Zusammenhang mit der Frage nach einem objektiven Begriff des Guten angedeutet. Hier werde ich diese Voraussetzungen nun etwas ausführlicher zu erklären versuchen.

Beginnen wir mit der Wesenheit bzw. der Natur des Menschen. Unter einer Wesenheit versteht man das, was man als Antwort auf die Frage „Was ist das?" erhält. Die *Wesenheit* einer Sache lässt sich in einer *Definition* ausdrücken, die eine Antwort auf diese Frage darstellt. Auf die Frage – mit Hinweis auf einen Menschen – „Wer ist das?" könnte die Antwort lauten: „Susanne". Die weitere Frage könnte dann lauten: „Was ist Susanne?" und die Antwort: „ein Mensch". Wenn man nun die Frage „Was ist ein Mensch?" stellt, stellt man die Frage nach dem Wesen des Menschen. Die Antwort hat bereits Aristoteles gegeben: *Der Mensch ist ein vernunftbegabtes Sinnenwesen.* Diese Antwort ist die Definition des Menschen und sie besteht aus dem Gattungsbegriff „Sinnenwesen" und der spezifischen Differenz „vernunftbegabt". Mit dem Begriff „Sinnenwesen" sind Tiere gemeint. Alle Tiere unterscheiden sich von dem nächsthöheren Gattungsbegriff „Lebewesen" dadurch, dass sie Sinnesorgane haben. Der Mensch gehört zu dieser Gattung der Tiere, denn auch er hat Sinnesorgane. Er unterscheidet sich allerdings von den Tieren dadurch, dass er vernunftbegabt ist. Dies bedeutet, dass er das Vermögen der Rationalität hat, dass er rational zu denken vermag und einen Willen hat. Wichtig ist hier die Betonung des *Vermögens* zur Rationalität, denn Säuglinge sind noch nicht zu rationalem Denken in der Lage, aber im Allgemeinen ist auch der Mensch im Schlaf oder in der Narkose nicht rational tätig und es gibt Fälle von Erkrankungen, bei denen ein Mensch vorübergehend oder auch dauerhaft nicht zu rationalen Leistungen in der Lage ist. Deswegen dürfen wir diesen Menschen aber nicht das Menschsein absprechen, denn sie sind gleichwohl „vernunftbegabt". Einem Hund fehlt nichts, er ist nicht krank, wenn er nicht rational ist, denn es gehört nicht zum Wesen des Hundes, rational zu sein. Einem Menschen kann die Rationalität vorübergehend oder dauerhaft fehlen, was nur möglich ist, weil er das Vermögen zur Rationalität besitzt.

Die Frage, was nun mit Rationalität genauer gemeint ist, ist ein sehr umfangreiches Thema. Doch grundsätzlich lässt sich Rationalität bestimmen als das *Vermögen zur Abstraktion* und damit zur Erfassung abstrakter Entitäten wie z. B. Begriffe. In dem wir z. B. von allen konkreten und materiellen Bestimmungen eines Triangels absehen, d. h. abstrahieren, also von seiner Farbe, dass es aus Stahl gefertigt wurde, dass es eine bestimmte Größe hat usw., können wir den Begriff des Dreiecks bilden als einer geometrischen Figur, deren Winkelsumme derjenigen zweier rechter Winkel entspricht. Dies ist ein Beispiel für eine rationale Leistung. Das Gleiche gilt aber auch für den Begriff des Menschen, den wir soeben eingeführt haben. Wenn wir von allen individuellen Bestimmungen von Susanne oder aller anderen Menschen abstrahieren, also von ihrer Haar- und Hautfarbe, ihrer Körpergröße, ihren Augen, ihrem aufrechten Gang, dass sie zwei Beine hat usw., kommen wir zu einem abstrakten Begriff des Menschen, der allen Menschen gemeinsam ist, insofern sie Menschen sind, nämlich, dass es sich um Sinnenwesen oder Tiere handelt, die zur Rationalität fähig sind.

Der Essentialismus, den ich als eine der beiden wichtigsten metaphysischen Voraussetzungen für eine realistische und natürliche Ethik genannt habe, behauptet nun, dass alle Dinge eine Wesenheit haben (Oderberg 2007, 18ff.) und dass wir als Menschen in der Lage sind, diese Wesenheiten mehr oder weniger klar zu erkennen. Mehr zu dieser Theorie der Wesenheiten habe ich im *Grundkurs I* und *II* gesagt. Dort habe ich auch versucht, die Wesenheiten gegen die wichtigsten Einwände, die schon seit Jahrhunderten und besonders in der neuzeitlichen und modernen Philosophie gegen Wesenheiten vorgebracht wurden, zu widerlegen. Soweit dies für unser Thema, die Ethik, von Bedeutung ist, werde ich auch im Weiteren auf diese Einwände zumindest kurz zurückkommen.

Als zweite metaphysische Voraussetzung einer objektiven natürlichen Ethik habe ich die Teleologie genannt. Die Teleologie ist mindestens ebenso umstritten wie der Essentialismus, obwohl sich in jüngster Zeit eine Wende zu zeigen beginnt (vgl. D. Oderberg 2016). Das Wort „Teleologie" ist eine Zusammensetzung aus den griechischen Worten *Telos*, was Ziel oder Zweck bedeutet, und *Logos*, das eine sehr breite Bedeutung hat, hier aber so viel wie Wissenschaft bedeutet. Teleologie ist die Wissenschaft von den Zielen und Zwecken. Nun gibt es zwei verschiedene Arten von Zielen und Zwecken. Zunächst und weit weniger umstritten sind diejenigen Ziele und Zwecke, die sich der Mensch selbst setzt. Ich kann mir z. B. vornehmen, d. h. das Ziel setzen, an einem Marathonlauf teilzunehmen. Dafür werde ich viele andere Zwischenziele ins Auge fassen, z. B. eine bestimmte Diät mit dem Ziel der Gewichtsreduktion, dann körperliches Ausdauertraining, tägliche Laufübungen, die immer etwas mehr gesteigert werden, und vieles andere mehr. Jeden Tag verfolgen wir solche Ziele. Wir gehen einkaufen, um am Abend etwas zu essen zu haben und einen Vorrat anzulegen. Dies wiederum tun wir, um die Familie zu ernähren, und dies wieder mit dem Ziel, die Arbeitskraft und die Gesundheit zu erhalten. Oft stehen solche Ziele und Zwecke miteinander im Zusammenhang und auch in einem Verhältnis der Über- und Unterordnung, wie schon angedeutet. Wir gehen am Morgen zur Arbeit, um unseren Lebensunterhalt zu verdienen, vielleicht für ein Eigenheim zu sparen oder Möbel anzuschaffen und um uns einen Urlaub leisten zu können. Dazwischen liegen viele Zwischenziele, und auch der Jahresurlaub und der Lebensunterhalt sind nicht unbedingt letzte Ziele. Der Lebensunterhalt dient letztlich der Selbsterhaltung, und in diesem Punkt kann man von einem letzten Ziel sprechen, denn hier unterscheidet sich der Mensch nicht vom Tier, dessen letzte Ziele die Selbst- und Arterhaltung sind. Ersteres geschieht bei Tieren vor allem durch Ernährung. Beim Menschen kommen die Gesundheitsfürsorge und viele andere Dinge noch hinzu, da der Mensch die Selbsterhaltung auch rational und mit Bewusstsein verfolgt. Der Arterhaltung dient die Fortpflanzung, beim Menschen die Gründung einer Familie, wobei auch dies sich bei Mensch und Tier wesentlich unterscheidet. So viel zunächst zu den Zielen und Zwecken, die der Mensch sich selbst setzen kann.

Darüber hinaus gibt es Ziele und Zwecke, die gewissermaßen innerlich in allen Lebewesen, auch im Menschen, vorhanden sind und die von diesen Lebewesen ganz von selbst verfolgt werden, selbst dann, wenn sie überhaupt kein Bewusstsein haben, wie dies bei Pflanzen der Fall ist. So sind die letzten Ziele der Pflanzen und Tiere die Selbst- und Arterhaltung, die ganz von selbst verfolgt werden, und dies in den meisten Fällen mit Erfolg. Pflanzen und Tiere haben so etwas wie einen inneren „Trieb“ oder besser gesagt eine starke Neigung, durch die sie alles dafür tun, dass sie selbst am Leben bleiben. Dazu gehören der Nahrungstrieb und der Fluchtinstinkt und verschiedene andere Verhaltensweisen, die wir bei den Tieren beobachten, die sich aber auch, wenn auch in ganz anderer Art und Weise, bei Pflanzen finden. Aber auch der Mensch unternimmt im Allgemeinen alles, um am Leben zu bleiben, seine Gesundheit zu erhalten und Ähnliches. Ebenso sucht der Mensch ab einem bestimmten Alter nach dem anderen Geschlecht, letztlich mit dem Ziel, eine Familie zu gründen. Jedenfalls gibt es bei Pflanzen, Tieren und Menschen gewisse Neigungen, Dispositionen oder Vermögen, die auf eine Realisierung gerichtet sind. Diese Vermögen oder Neigungen sind „innerlich“, sie werden uns oder den anderen Lebewesen nicht von außen aufgenötigt, wie man die Teile einer Uhr so zusammensetzt, dass sie einen bestimmten Zweck verfolgen, den wir erzielen wollen, nämlich die Uhrzeit anzuzeigen. Die Teile der Uhr, die Metalle oder sonstigen Bauteile haben nicht selbst eine innere Tendenz oder Neigung, zu einer Uhr zu werden. Die Steine eines Steinbruchs haben keine innere Neigung, zu einem Haus zu werden. Die Lebewesen hingegen haben durchaus eine innere Neigung, sich am Leben zu erhalten und sich fortzupflanzen. Deshalb sind auch der Selbsterhaltungstrieb und der Sexualtrieb die mächtigen Triebe bei Tieren und Menschen.

In der natürlichen Ethik geht es zunächst einmal um diese natürlichen inneren Vermögen, Kräfte, Neigungen, Dispositionen oder wie wir dies auch immer bezeichnen wollen. Bisher habe ich nur die ganz fundamentalen Neigungen genannt, Selbst- und Arterhaltung. Es gibt aber beim Menschen noch zahlreiche andere Neigungen oder Vermögen, die sich gerade aus seiner Natur ergeben, wie z. B. den Wissensdrang, der sich schon bei kleinen Kindern und ihrer Neugierde zeigt und der sich aus der rationalen Natur des Menschen ergibt.

Nun geht es hier allerdings nicht um irgendwelche Neigungen oder Dispositionen, die sich beim Menschen zufälligerweise bzw. kontingent finden, wie ein ausgeprägtes Interesse an Astronomie oder am Lösen von Kreuzworträtseln. In der Ethik geht es um solche Neigungen – Thomas von Aquin spricht von *inclinationes* –, die sich aus der Natur des Menschen als eines rationalen Sinnenwesens ergeben. Selbstverständlich gibt es oft eine enge Beziehung zwischen dem, was wir erstreben, wünschen und wollen, und dem, was unsere Natur intendiert, wozu wir aus unserer menschlichen Natur geneigt sind, allerdings ist dies nicht notwendigerweise der Fall. Dies ist bei Tieren und Pflanzen tatsächlich anders. Sie können nicht anders als in der Weise, wie es ihnen von ihrer Natur aus vorgegeben ist. Beim Menschen gibt es so etwas wie habituelle Laster, Gruppenzwang, Irrationalität oder geistige bzw. seelische Krankheiten, die unsere subjektiven Wünsche und Strebungen so beeinflussen können, dass sie unseren natürlichen Neigungen, d. h. Neigungen, die aus unserer Natur folgen und ihr dienen, entgegengesetzt sind. Und hier beginnt auch der Bereich der Ethik. Unsere Natur und die sich aus ihr ergebenden Neigungen, die auf Ziele bzw. Zwecke gerichtet sind, gehören in den Bereich der Metaphysik. Die Ethik beginnt mit der Behauptung, dass diese Ziele und Zwecke, auf die die Neigungen unserer Natur gerichtet sind, immer ein Gut darstellen, dass sie sogar das im eigentlichen Sinne Gute sind. Und warum sind diese Ziele immer etwas Gutes? Weil sie der Vervollkommnung unserer Natur dienen.

Wünsche oder Neigungen, Handlungen, die nicht dazu dienen, unsere Natur zu vervollkommnen, sind demensprechend schlecht oder, moralisch gesagt, böse. Im ersten Kapitel habe ich dies schon an verschiedenen Beispielen zu zeigen versucht, um einen objektiven Begriff des Guten zu gewinnen. Das, was für uns als Menschen gut ist, ist keine Angelegenheit des subjektiven Geschmacks, des Gefühls oder der intersubjektiven Übereinstimmung von dem, was die Meisten für gut halten. Nach aristotelisch-thomistischer Auffassung kann das, was wirklich gut für uns ist, in einer objektiven, externen oder, wie man heute sagt, in der Perspektive der „dritten Person" festgestellt werden. Darauf habe ich schon im ersten Kapitel hingewiesen. Was gut für uns ist, ist nämlich nichts anderes als das, was zur Vervollkommnung unserer Natur beiträgt. Das ist übrigens bei Pflanzen und Tieren nicht anders. Hagelschlag ist für blühende Kirschbäume nicht gut, weil dadurch die Blüten beschädigt werden und der Baum keine Kirschen trägt. Kirschen zu tragen ist ein zentrales Gut des Kirschbaums. Für einen durchschnittlich großen Menschen ist es nicht gut, Unmengen Nahrungsmittel zu sich zu nehmen und sich kaum zu bewegen. Jeder versteht dies und jeder weiß, dass dies objektiv schlecht ist, selbst dann, wenn er genau das Gegenteil tut. Doch warum ist es schlecht, so viel zu essen, ohne sich zu bewegen? Zunächst wird man bei dieser Frage natürlich auf die Gesundheitsgefährdung verweisen, mit der Gefahr schwerer Erkrankungen und möglicherweise eines frühen Todes. Man kann aber weiter fragen, warum Gesundheitsgefährdung schlecht ist? Natürlich deshalb, weil die Gesundheit ein Gut ist, das wesentlich zur Vervollkommnung der menschlichen Natur gehört.

Die Natur des Guten

Thomas von Aquin unterscheidet drei allgemeine Kategorien des Guten, die zu unserer Natur gehören. Als Erstes gibt es das Gute, das wir mit allen anderen Lebewesen teilen, wie die Erhaltung und Bewahrung unserer Existenz. Als Nächstes gibt es die Güter, die wir mit allen Tieren gemeinsam haben, wozu die Fortpflanzung und Erziehung des Nachwuchses usw. gehören. Schließlich gibt es bestimmte Güter, die nur für uns Menschen als rationale Sinnenwesen von Bedeutung sind, wozu für Thomas das Leben in Gemeinschaft, die Freundschaft, das Beseitigen der Unwissenheit, das Streben nach Wahrheit, insbesondere das Streben nach der wahren Erkenntnis Gottes und noch einiges andere gehören. Nun bestehen diese Güter nicht einfach gleichgültig nebeneinander, sondern sie sind hierarchisch geordnet, wobei sich Thomas an der Hierarchie der Lebewesen orientiert, wie sie von Aristoteles entwickelt wurde. Dabei gilt, dass die höheren Güter die niedrigeren Güter voraussetzen. Wer hungert, wird sich nur selten dem intensiven Studium philosophischer Fachliteratur zuwenden. Die Erhaltung der Existenz, die Selbsterhaltung, ist fundamentaler als das Streben nach Erkenntnis, obwohl Letzteres im Vergleich zu Ersterem ein höheres Gut darstellt. Die niedrigeren Güter sind den höheren Gütern untergeordnet in dem Sinne, dass die niedrigeren Güter, wie die Selbsterhaltung, um der höheren Güter willen von Bedeutung sind. Die Ernährung ist kein Selbstzweck, sondern sie dient beim Menschen dazu, ihn in die Lage zu versetzen, z. B. nach Erkenntnis zu streben und andere rationale Tätigkeiten auszuüben. Für die Vervollkommnung des Menschen als Menschen oder, wenn Ihnen das Wort besser gefällt, für eine richtig verstandene *Selbstverwirklichung*, ist die Entfaltung der rationalen Fähigkeiten wichtiger als die Ernährung. Daraus ergeben sich, wie leicht ersichtlich, bestimmte moralische Richtlinien. Das höchste Gut oder die höchsten Güter für den Menschen sind solche Güter, die unsere rationale Natur vervollkommnen. Für alle nichtmenschlichen Lebewesen sind die höchsten Güter solche, die für ihre Natur maßgeblich sind. Pflanzen und Tiere verfolgen diese Güter in allen ihren Tätigkeiten ganz von selbst, ob mit oder ohne Bewusstsein, wie die Pflanzen. Für den Menschen sind die höchsten Güter solche, die ebenfalls aus seiner Natur folgen, und die Natur des Menschen ist im Wesentlichen durch die Rationalität bestimmt.

Die Wesenheit einer Pflanze oder eines Tieres, aber auch des Menschen wird durch zwei Prinzipien oder Ursachen bestimmt. Es sind dies die Form- und die Materialursache. Die Formursache ist dabei das bestimmende Prinzip, die bestimmende Ursache, während die Materialursache die Ursache ist, die diese Bestimmungen aufnimmt, weil sie selbst ohne jede Bestimmung ist. Form- und Materialursache kommen nie getrennt vor. Wir werden in der Natur nie eine Materialursache oder eine Formursache für sich finden. Das, was wir als Materie bezeichnen – Steine, Felsen, Berge oder auch Pflanzen und Tiere –, sind *materielle Dinge*, nicht das, was in der Philosophie als Materialursache bezeichnet wird. Materielle Dinge sind zusammengesetzt aus Materie und Form, als den beiden Aufbauprinzipien einer Substanz, wie einer Pflanze, eines Tieres und auch des Menschen. Mithilfe der Form- und Materialursache versucht man in der klassischen Philosophie diesen inneren Aufbau eines Lebewesens zu erklären. Die Formursache ist das bestimmende Prinzip, die bestimmende Ursache, die die vollkommen unbestimmte Materie bestimmt und damit aktualisiert, d. h. verwirklicht. Die Formursache bestimmt die Art, zu der eine Substanz gehört, z. B., dass es ein Eichhörnchen oder eine Schwalbe ist, und damit bestimmt sie zugleich die aus dieser substanziellen Form folgenden Eigenschaften dieser Art, wozu auch die Neigungen und Potenzialitäten gehören, die dieser Art eigen sind. Solche Potenzialitäten und Neigungen sind immer Potenzen und Neigungen, die auf eine bestimmte Verwirklichung, auf eine Aktualisierung gerichtet sind. Die Fähigkeit oder das Vermögen einer Schwalbe zum Fliegen ist darauf gerichtet, dass die Schwalbe fliegt, und eine aus dem Ei geschlüpfte Schwalbe tut alles, um so bald wie möglich zu fliegen. Dieses Vermögen, die Potenzialität der Schwalbe, ist, wie alle Potenzen, die sich aus der Formursache und damit aus der Art ergeben, auf ein Ziel gerichtet; bei der Schwalbe ist dieses Ziel der Flug. Potenzen, also z. B. Vermögen, Kräfte, Neigungen, Fähigkeiten, sind immer auf ein Ziel gerichtet und dieses Ziel stellt die Aktualisierung dieser Potenz dar. Dieses Ziel ist deshalb auch so etwas wie eine Ursache und heißt auch Ziel-

oder Zweckursache, *causa finalis*. Diese Zielursache „zieht" gewissermaßen ein Lebewesen zu dem hin, wozu es fähig ist, und dazu, dass es diese Fähigkeit oder Potenz aktualisiert, d. h. verwirklicht. Ich habe diese Zusammenhänge im vierten Band dieser Reihe, der den Titel *Das Leib-Seele-Problem* trägt, eingehend erläutert. Hier geht es nur um eine kurze Wiederholung dessen, was für die Ethik wichtig ist bzw. zu den Voraussetzungen der natürlichen Ethik gehört.

Sein und Gutsein

Je mehr Fähigkeiten bzw. Vermögen, oder allgemeiner, je mehr Potenzen eine Substanz einer bestimmten Art aktualisiert hat, desto vollkommener hat diese Substanz ihr Sein verwirklicht. Mit dem Begriff Sein wird in der klassischen Philosophie nicht nur die Existenz bezeichnet, sondern auch die Wesenheit. Sein meint das Ganze einer Substanz, die immer diese beiden Seiten hat, dass sie *existiert* und dass sie *so und so bestimmt* ist. Je mehr nun ein solches Seiendes, eine Substanz wie der Kastanienbaum oder die Schwalbe ihre Vermögen und Potenzen aktualisiert hat, desto vollkommener ist diese Substanz, je mehr entspricht sie dem, was man als ein „Muster" von Schwalbe bezeichnen könnte, oder als das „Bild von einer Schwalbe". Mit anderen Worten: Eine Substanz, die weitgehend ihre Potenzen aktualisiert hat, ist „seiender" als eine Substanz, die noch am Anfang ihrer Entwicklung steht oder die durch verschiedene Ursachen, wie z. B. Krankheiten, deformiert ist.

Hier kommt nun eine spezifisch scholastische Begrifflichkeit zur Anwendung, die ich im zweiten Band des *Grundkurses* unter dem Titel „Transzendentalien" behandelt habe. Darunter versteht man in der aristotelisch-thomistischen Philosophie solche Bestimmungen des Seienden, die nicht auf eine bestimmte Kategorie oder bestimmte Individuen beschränkt sind, sondern allen Seienden gemeinsam sind, insofern sie seiend sind. Solche Bestimmungen sind nun gegeneinander austauschbar, da sie nur verschiedene Hinsichten auf dasselbe darstellen. Solche Bestimmungen sind außer Sein z. B. Einheit,

Ding, wahr, gut usw. In unserem Zusammenhang interessiert uns vor allem, dass Gut und Sein dasselbe bedeuten, denn hieraus ergibt sich der Begriff des Guten, wie er in der natürlichen Ethik verstanden wird. Ich habe gesagt, dass es Dinge gibt, die „seiender" sind als andere Dinge derselben Art, und dass dieses „seiender" bedeutet, dass diese Dinge ihre Potenzen in größerem Maße aktualisiert haben als andere Dinge derselben Art. Ein ausgewachsener, dreihundert Jahre alter gesunder Kastanienbaum ist zweifellos „seiender" als eine Kastanie, denn er entspricht dem „Urbild" eines Kastanienbaums weit mehr. Der Kastanienbaum hat viele seiner Potenzialitäten aktualisiert. Sein bedeutet nämlich vor allem Wirklichkeit, Aktualität, und man kann deshalb eine Entität als seiender bezeichnen, wenn sie sich in einem größeren Maße verwirklicht hat als eine andere Entität der gleichen Art. Und dies ist beim Vergleich zwischen einer Kastanie und einem Kastanienbaum zweifellos der Fall. Die Kastanie enthält die Potenz zu einem voll entwickelten Kastanienbaum in sich, doch diese Potenz ist noch nicht verwirklicht und es braucht unter Umständen Jahrhunderte, bis diese Potenzen der Kastanie aktualisiert sind. Deshalb ist ein Kastanienbaum aktualer, seiender, wirklicher als eine Kastanie. Da nun aber Sein und Gutheit austauschbare Bestimmungen sind, bedeutet dies auch, dass der Kastanienbaum ein höheres Gut darstellt als eine Kastanie. Dass dies tatsächlich der Fall ist, zeigt sich bereits an unserem natürlichen Verhalten gegenüber beiden Dingen. Wenn wir auf eine Kastanie treten, werden wir uns darüber kaum weitere Gedanken machen, während wir einen dreihundertjährigen Kastanienbaum wohl kaum so ohne weiteres umhauen werden.

Ich habe zuvor behauptet, dass Sein und gut und wahr austauschbare Bestimmungen sind, die nur unterschiedliche Hinsichten auf dasselbe darstellen. Damit habe ich gemeint, dass wir gelegentlich von einem „wahren Kastanienbaum" sprechen und damit meinen, dass dieser bestimmte Kastanienbaum einem Ideal entspricht. Dieses Ideal wird natürlich bestimmt durch die Wesenheit eines Kastanienbaums, und es gibt Kastanienbäume, die in der Tat diesem Idealbild eines Kastanienbaums vollkommener entsprechen als andere Kastanienbäume. Zu diesem Ideal könnte z. B. gehören, dass der Baum gerade und gleichmäßig verteilte, kräftige Äste besitzt, gesunde Wurzeln, die tief in den Boden reichen, um so auch in nährstoffarmen Zeiten Nährstoffe aus größerer Tiefe zu gewinnen usw. Es gibt demgegenüber andere Kastanienbäume, die durch bestimmte Umwelteinflüsse weniger diesem Idealbild eines Kastanienbaums entsprechen. Ich habe den Kastanienbaum, der dem Ideal mehr entspricht, auch als „seiender" bezeichnet und könnte ihn jetzt als einen wahren Kastanienbaum bezeichnen, weil die Bestimmungen wahr und Sein austauschbar sind. Wenn ich von einem wahren Kastanienbaum spreche, dann sage ich dies in Hinsicht auf die Erkenntnis aus. Und ganz Ähnliches gilt nun auch von der Bestimmung „gut". Dieser wahre Kastanienbaum ist nämlich ein *guter* Kastanienbaum. Gut, wahr und seiend sind austauschbar, weil sie unter verschiedener Hinsicht das Gleiche sagen.

Dies hilft uns jetzt zu einem besseren Verständnis des Guten, wie ich dieses bereits mehrfach angedeutet habe und wie es einer realistischen, objektiven und natürlichen Ethik zugrunde liegt. Das *Gute* lässt sich ganz allgemein verstehen als *Konformität* mit einem Ideal, das durch die Natur oder Wesenheit repräsentiert wird. Im 1. Kapitel habe ich dazu schon einiges gesagt und dies zunächst am Beispiel des Triangels verdeutlicht und dann mit anderen Beispielen aus der Natur vertieft. Der Hintergrund dieser Beispiele im ersten Kapitel wird jetzt vielleicht verständlicher. Das Gute, zunächst in einem ganz allgemeinen und natürlichen Sinne, ist das, was einem Ideal entspricht. Dieses Ideal schwebt allerdings nicht frei in einem platonischen Ideenhimmel, sondern entspricht der Wesenheit oder Natur eines Seienden. Zugleich steht dies in einem Zusammenhang mit dem Sein, denn zum Sein gehört das Sosein, die Wesenheit. Thomas von Aquin sagt, dass jedes Ding insofern vollkommen ist, als es aktual, verwirklicht ist. Daraus folgt, so Thomas, dass ein Ding vollkommen ist, wenn es existiert, denn die Existenz ist es, die ein Ding aktual, d. h. wirklich macht. Und hier kommt nun das Gute ins Spiel, in seinem Zusammenhang mit dem Sein: Das Gute besteht darin, dass es in irgendeiner Weise erstrebenswert ist. Ein Ding ist aber erstrebenswert, insofern es vollkommen ist, und d. h. jetzt, insofern es aktual ist, d. h. existiert. Daraus schließt Thomas, dass Gutheit und Sein dasselbe sind. Gutheit repräsentiert den Aspekt des Erstrebenswerten, während Sein diesen Aspekt nicht repräsentiert (vgl. Thomas von Aquin: *Summa theologiae* I.5.1; Feser 2015, 306). Dabei muss man, um Missverständnisse zu vermeiden, anmerken, dass der Begriff des „Erstrebenswerten" nicht subjektiv gemeint ist. Gemeint ist vielmehr das, was ich zuvor unter dem Begriff der Final- oder Zweckursache angesprochen habe. Gemeint ist das Ziel oder der Zweck, auf den ein Ding oder eine Potenz gerichtet ist, und zwar durch seine Natur, durch sein Wesen bzw. durch die Formursache, aus der sich das Ziel ergibt. Es handelt sich also um ein objektives Gut und um ein objektives Erstreben. Dabei spielt es auch überhaupt keine Rolle, ob dieses Ziel dem Ding, das es anstrebt, überhaupt bewusst ist. Einem Kastanienbaum ist das, was für ihn erstrebenswert ist, die Aktualisierung aller Potenzen, die Vervollkommnung seines Seins, nicht bewusst, und das Gleiche gilt mehr oder weniger auch von allen Pflanzen und den Tieren.

Zwei Einwände

Nach all dem kann man nun durchaus sagen, dass das Gute eine natürliche Eigenschaft ist, und damit widerspreche ich *George Edward Moore*, der dafür argumentiert hat, dass „gut" keine natürliche Eigenschaft sei. Von ihm stammt das Argument des *„naturalistischen Fehlschlusses"*. Moore argumentiert folgendermaßen: Der Begriff „gut" ist keine natürliche Eigenschaft und lässt sich auch nicht auf eine natürliche Eigenschaft zurückführen, denn „gut" ist nicht definierbar, hat keine Bestandteile, sondern ist ein einfacher Begriff. Dies bedeutet, dass z. B. unsere Analyse nicht richtig sein kann, weil wir den Begriff des Guten auf etwas anderes zurückführen, indem wir behaupten, dass gut dasjenige ist, was der Natur des Menschen (oder allgemeiner, der Natur einer Entität) entspricht. Moore wendet sich allerdings nicht explizit gegen unsere Analyse und auch nicht direkt gegen die aristotelisch-thomistische Ethik, allerdings könnte man implizit diese miteinschließen.

Um diese These zu untermauern, hat Moore das sogenannte „Argument der offenen Frage" formuliert. Er meint, dass es bei jeder möglichen Definition des Begriffs „gut" wiederum möglich ist, die Frage zu stellen, ob dieses Definierte auch selbst wirklich gut ist. Da man nach Moore diese Frage bei jedem Definitionsversuch sinnvoll stellen kann, bleibt die Frage letztlich offen. Damit will Moore deutlich machen, dass „gut" nicht durch eine andere Eigenschaft oder Bestimmung definierbar ist, dass „gut" folglich undefinierbar und damit eine einfache Eigenschaft ist, die wir nur durch Intuition erkennen können. Schlussfolgerungen für bestimmte moralische Gebote sind daraus aber nach Moore nicht ableitbar (vgl. Michael Quante ^{5}2013, 123; Franz von Kutschera 1999, 57; Dieter Birnbacher 2013, 362ff.).

Gegen dieses Argument Moores lässt sich einwenden, dass wir den Begriff des Guten nicht durch eine Eigenschaft oder Bestimmung definiert haben, sondern durch den Verweis auf die Natur oder die Wesenheit des Menschen. Die Natur oder die Wesenheit ist aber keine Eigenschaft oder Bestimmung, sondern das, was allen Eigenschaften und Bestimmungen zugrunde liegt. Gut ist das, was der menschlichen Natur entspricht bzw. was zur Entfaltung der menschlichen (oder jeder anderen) Natur beiträgt. Nun die Frage zu stellen, ob die Entfaltung der menschlichen Natur oder die Wesenheit wirklich gut ist, ist allerdings sinnlos. Die Entfaltung der eigenen Natur ist das, was selbstverständlich von jeder Substanz in allen ihren Tätigkeiten erstrebt wird, und hier zu fragen, ob dies gut ist, scheint mir in der Tat völlig unangemessen. Moore hat sich, wie gesagt, auch nicht gegen unsere Theorie gestellt, sondern sein Anliegen war es vor allem, die Versuche zurückzuweisen, die die Eigenschaft gut auf naturwissenschaftliche, insbesondere biologische Eigenschaften zurückführen, aber auch gegen die utilitaristische Ethik, die das Gute mit dem Nutzen identifiziert. Gleichwohl hat er selbst eine bestimmte Form des Utilitarismus vertreten, die von Elizabeth Anscombe als *Konsequentialismus* bezeichnet wurde. Darauf werde ich später eingehen. Dass Moore trotz seiner Kritik an einer Naturalisierung des Guten zum Utilitarismus geführt wurde, hängt vermutlich damit zusammen, dass sich aus seiner Kritik am moralischen Naturalismus keine direkten Schlussfolgerungen für moralische Rechte und Pflichten bzw. für moralische Normen ergeben. Er war zwar der Überzeugung, dass wir durch Intuitionen erkennen können, was moralisch gut ist, und dass das moralisch Gute eine objektive einfache Eigenschaft ist, doch daraus folgt keine moralische Theorie für das, was wir tun sollen. Moores konsequentialistischer Utilitarismus ist der Auffassung, dass moralisch gut das sei, was das größtmögliche Gute hervorbringe.

Weit verbreiteter und einflussreicher ist die Argumentation von *David Hume* gegen jede Art der objektiven und realistischen Ethik. Er unterscheidet streng zwischen Tatsachen und moralischen Werten, bzw. zwischen Sein und Sollen, und behauptet, dass aus dem Sein, aus objektiven Tatsachen kein Sollen, keine moralischen Gesetze folgen. Wenn jemand deshalb sagt, man solle dies und jenes tun und etwas anderes unterlassen, dann will er damit nur ausdrücken, was für ihn angenehm und wünschenswert ist und was er als unangenehm empfindet. Er drückt also nichts anderes als persönliche, subjektive Empfindungen aus.

Die Voraussetzungen dieser Argumentation sind nach all dem, was ich zuvor gesagt habe, offensichtlich. Hume unterstellt einen sehr engen Begriff der Tatsachen bzw. des Seins, der im alltäglichen Sprachgebrauch kaum vorkommt. Humes philosophische Voraussetzungen beruhen auf einem empiristischen und „mechanistischen“ Weltbild. Ich gebrauche den Begriff „mechanistisch“ hier in einem weiten philosophischen Sinn, nämlich als eine Sammelbezeichnung für Theorien, die Ziele und Zwecke für das Verständnis der Welt und des Menschen ablehnen. Ein solches Verständnis hat zur Folge, dass man die Welt als aus letzten materiellen Elementen – Atomen und deren Bestandteilen – bestehend betrachtet, aus denen durch Zusammenstöße oder irgendwelche anderen physikalisch-chemischen Prozesse komplexere Gebilde, wie Planeten, Sterne und Galaxien, aber auch Pflanzen, Tiere und Menschen entstanden sind. Ich vereinfache hier natürlich sehr, doch es geht mir nur um das Prinzip dieses atomistischen Denkens, dass nämlich alle diese Prozesse und Ereignisse rein zufällig entstanden sind und nur durch bestimmte physikalische Gesetze determiniert werden, die keinerlei Ziel oder Zweck haben. Hält man nun Zwecke aus der Erklärung von Tatsachen heraus, dann bleiben sogenannte *„reine Tatsachen“* übrig, die es aber in der Wirklichkeit nicht gibt. Ich will Ihnen dies kurz anhand von Beispielen verdeutlichen, die ich von David Oderberg übernehme (D. Oderberg 2000, 15ff.).

Betrachten wir die folgende Beschreibung:

„Charles nimmt ein glänzendes metallisches Objekt in die Hand. Das Objekt enthält verschiedene bewegliche Teile, von denen eines gedreht werden kann. Charles nimmt das Objekt in seine Hand und dreht das bewegliche Teil, bewegt ein anderes Teil nach hinten und hält das Objekt vor seinen Kopf. Dann drückt er auf einen anderen Hebel.“

Diese Beschreibung ist vollkommen kohärent und beschreibt verschiedene Tatsachen. Doch wissen wir, was Charles tut? Nicht vollständig, aber, so wird man sagen, es gibt keine wirklich vollständige Erklärung einer Situation. Doch warum sollten wir nach weiteren Informationen fragen? Ganz einfach deshalb, weil wir aus dieser Beschreibung nicht wissen, *was* Charles wirklich tut. Er könnte unter dieser Beschreibung verschiedene Dinge tun, zum Beispiel russisches Roulette spielen. Zu behaupten, dass diese zusätzliche Information nicht wichtig sei, wäre absurd. Diese Information ist von höchster Wichtigkeit, denn sie erlaubt uns zu erkennen, dass Charles etwas Lebensgefährliches tut. Man muss die Realität schon massiv einschränken und entscheidende Informationen auslassen, um solche sogenannte „reine Tatsachen" zu bekommen, die keinerlei moralische Eigenschaften beinhalten. Nur wenn man den Zweck in dieser Situationsbeschreibung weglässt, der aber wesentlich für das Verständnis der gesamten Situation ist, kann man behaupten, dass die Tatsachen „wertfrei" seien. Und nur so kann man dann auch behaupten, dass es einen Unterschied zwischen Tatsache, zwischen Sein und Sollen gebe.

Noch ein weiteres Beispiel, das denselben Aspekt beleuchtet:

„Siegfried gräbt ein Loch in die Wiese."

Dies ist eine sogenannte echte Tatsachenbeschreibung. Gibt es irgendetwas Wichtiges, was wir hier noch wissen müssten? Ich glaube nicht, dass selbst ein Empirist sich mit dieser Beschreibung zufriedengeben würde. Wir würden gerne etwas mehr wissen, insbesondere den Zweck, warum Siegfried das Loch gräbt. Nehmen wir zum Beispiel an, dass Siegfried das Loch auf einem alten Friedhof gräbt, der von den früheren Bewohnern als heiliger Ort verehrt wurde, und dass das Graben eines Loches an diesem Ort als Entweihung verstanden wird. Ist diese Zusatzinformation etwa bedeutungslos?

Solche Beispiele machen eines deutlich: Es gibt sehr verschiedene Möglichkeiten, eine Situation zu beschreiben, Möglichkeiten, die mehr oder weniger präzise sind und mehr oder weniger wichtige Informationen enthalten, wichtig insofern, als sie uns in die Lage versetzen, zu erkennen, was wirklich vor sich geht. Was sich für uns so selbstverständlich anhört, das genau wird von David Hume und all denen, die ihm mehr oder weniger bewusst folgen, bestritten. Sie bestreiten nämlich, dass diese von uns als „Zusatzinformation" bezeichneten Tatsachen mit zur Beschreibung der Tatsache gehören und dass sie ein Sollen, dass sie „Werte" oder moralische Normen beinhalten. Nur wenn man diese wesentlichen Aspekte der Realität weglässt, kommt man zu einer völlig verarmten Tatsache im Sinne der Unterscheidung von Tatsache und Wert bzw. Sein und Sollen.

„Jedes Tätige ist um eines Zieles willen tätig", sagt Thomas von Aquin mit Bezug auf Aristoteles, und wenn man dieses Ziel einer Tätigkeit mit in die Beschreibung aufnimmt, hat man damit auch schon so etwas wie eine moralische Grundlage geschaffen, denn das Ziel der Tätigkeit ist stets ein Gut. Wenn es sich um eine menschliche Tätigkeit handelt, dann ist es ein moralisch relevantes Gut.

Die menschliche Handlung

Im Unterschied zu allen anderen Tätigen ist die menschliche Handlung durch zwei Bestimmungen besonders ausgezeichnet: sie ist *rational und frei*. Zum Thema der menschlichen Freiheit werde ich in einem späteren Kapitel noch einiges sagen. Hier möchte ich, bevor wir uns einigen moralischen Grundbegriffen zuwenden, noch etwas zum Thema der rationalen menschlichen Handlung sagen. Das Meiste ergibt sich bereits aus dem, was ich in diesem und im ersten Kapitel gesagt habe. Wie jede Tätigkeit ist auch die menschliche Handlung zielgerichtet. Der Unterschied zu Tätigkeiten von Pflanzen und Tieren ist, dass das Ziel einer Handlung bewusst *gewollt* und frei *gewählt* wird. Diese freie Wahl wird geleitet durch die praktische Vernunft des Menschen. Die praktische Vernunft als solche hat aber auch einen Zweck oder ein Ziel, auf das sie gerichtet ist, und dieses Ziel der praktischen Vernunft ist nicht frei wählbar. Es ist von der Natur des Menschen vorgegeben. Was auch immer das konkrete und bestimmte frei gewählte Ziel eines Menschen ist, es ist etwas, das der Verstand als etwas Gutes erkannt hat. Wir können nicht anders als das Gute zu verfolgen und in jeder Handlung streben wir nach einem Gut. In diesem Punkt sind wir nicht frei und hier gibt es keinen Unterschied zu den Tieren. Auch diese verfolgen in allen ihren Tätigkeiten etwas Gutes. Der Unterschied besteht nur darin, dass dieses Gute beim Menschen moralisch relevant sein kann, und dies ist bei Tieren und Pflanzen nicht der Fall. Doch wie kann ich immer schon das Gute verfolgen und dennoch etwas Falsches bzw. etwas Böses tun? Wenn die praktische Vernunft immer auf das Gute ausgerichtet ist, wie ist es dann möglich, etwas Böses zu tun? Die Antwort auf diese Frage lautet: Der praktische Verstand kann sich in dem irren, was gut für ihn ist, und er kann, um dieses Gut zu erreichen, Mittel wählen, die nicht gut sind. Dies wird an einem einfachen Beispiel deutlich. Der Besitz von Geld ist zweifellos etwas Gutes. Ein gewisser Wohlstand, der mit Geld erworben werden kann, gehört beim Menschen zu den Dingen, die zu seiner Vervollkommnung erforderlich sind. Wenn der Verstand dieses Gut wählt, dann gibt es verschiedene Mittel, um Geld zu erwerben. Der Mensch kann sich eine Arbeit suchen, um dadurch Geld zu erwerben. Dies ist das übliche Mittel, um zu Geld und mit Hilfe des Geldes zu einem gewissen Wohlstand zu gelangen. Man kann sich aber auch entschließen, den mühsamen Weg über das Arbeiten abzukürzen und eine Bank oder einen Geldtransporter zu überfallen, um mit einem Schlag eine große Menge Geld zu erwerben. Dieser Weg ist nicht gut, er ist böse, obwohl das angestrebte Geld ein Gut ist. Man kann natürlich fragen, warum ein Banküberfall böse ist. Wenn man darauf antwortet, dass ein Banküberfall deshalb böse ist, weil er gegen geltende Gesetze verstößt und mit Gefängnis bestraft wird, verschiebt man nur die Frage, denn man kann weiterfragen, warum dies gegen geltende Gesetze verstößt. Die natürliche Ethik wird darauf antworten, dass ein Banküberfall deshalb böse ist, weil er gegen die Vervollkommnung der menschlichen Natur gerichtet ist, bzw. gegen die richtig verstandene Selbstverwirklichung, aber ebenso gegen die Natur anderer Menschen, die von dem Banküberfall betroffen sind und möglicherweise lange Zeit an einem Trauma leiden. Dies muss freilich mit Argumenten begründet werden, denn der Bankräuber ist vermutlich anderer Meinung. Er glaubt, dass der Banküberfall ihm zu einem gewissen Reichtum verhelfen werde und er es sich anschließend erlauben könne, vieles zu tun, was er ohne dieses Geld nicht tun kann, vorausgesetzt, er wird nicht verhaftet. Die meisten von uns würden wohl sagen, dass der Glaube des Bankräubers falsch ist und dass auch der durch Raub erworbene Wohlstand nicht zu seiner recht verstandenen Selbstverwirklichung beiträgt, sondern eher das Gegenteil bewirkt, denn ein solches Verhalten ist gegen die Natur des Menschen gerichtet. Doch warum sich dies so verhält, warum ein Bankraub gegen die Natur des Menschen gerichtet ist, ist nicht so ohne weiteres einsichtig. Und dabei geht es nicht nur um die Probleme, die ein Bankräuber über Jahre haben wird, weil er sich ständig versteckt halten muss, um nicht gefasst zu werden, und all das, was mit einem solchen Leben zusammenhängt. Ich werde in den folgenden Kapiteln deutlich zu machen versuchen, warum ein Verstoß gegen moralische Gesetze letztlich gegen die eigene Vervollkommnung oder, anders gesagt, gegen das eigentliche Glück gerichtet ist. Letztlich geht es nämlich in der Ethik um den Weg zu einem glücklichen Leben.

Ebenso, wie ich die falschen Mittel wählen kann, um ein Gut zu erreichen, kann ich mich auch in dem täuschen, was für mich ein Gut ist. So kann es z. B. sein, dass ich, beeinflusst von meinen Eltern, zu der Überzeugung komme, dass es das Beste für mich sei, ein Pianist zu werden, obwohl ich objektiv betrachtet nur eine geringe Begabung für die Musik habe. Jahrelange Übung und Ausbildung im Klavierspielen können zwar dazu führen, dass ich einigermaßen das Klavierspielen erlerne, aber dass diese Qualifikation nicht ausreicht, um damit eine Anstellung in einem Orchester zu bekommen oder auch nur Freude am Klavierspiel zu haben. Hier ist das gewählte Gut etwas Gutes und auch die Mittel sind gut, doch es ist ein Gut, das für mich selbst nicht gut ist, weil es meiner Natur nicht entspricht.

Zusammenfassung

Bevor wir uns dem nächsten Themenbereich zuwenden, möchte ich das, was ich in diesem Kapitel unter dem Titel *Die Natur des Menschen und seine Ziele* gesagt habe, zusammenfassen.

Der Grundgedanke der natürlichen Ethik besteht in der Einsicht, dass jede Tätigkeit in der Natur auf ein Ziel oder einen Zweck gerichtet ist und dass dies auch für die menschlichen Tätigkeiten gilt. Diese Ziele und Zwecke, auf die jede Tätigkeit in der Natur gerichtet ist, ergeben sich aus der Natur oder der Wesenheit einer Entität, beim Menschen also aus der Natur des Menschen. Diese Natur des Menschen hatten wir mit Aristoteles darin erkannt, dass der Mensch ein rationales Sinnenwesen ist. Folglich müssen die menschlichen Ziele und Zwecke solche sein, die sich aus dieser rationalen Natur ergeben. Jedes Ziel ist aber immer ein Gut, etwas Erstrebenswertes. Doch warum ist das Ziel ein Gut? Weil es zur Entfaltung der Natur oder des Wesens beiträgt. Etwas, das nicht zur Entfaltung, d. h. zur Vervollkommnung beiträgt, ist kein Gut. Nun gibt es eine ganze Reihe von Neigungen des Menschen, die sich aus seiner Natur ergeben, wie der Wissensdrang, die Suche nach Wahrheit, aber auch Neigungen wie die Zuneigung zu anderen Menschen, die Zuneigung zum anderen Geschlecht ab einem bestimmten Alter und auch Neigungen wie Hunger und Durst. Freilich ist nicht jede Neigung oder jeder Wunsch ein solcher, der sich aus der Natur des Menschen ergibt. Jede dieser Neigungen ist auf ein bestimmtes Ziel gerichtet und dieses Ziel ist stets ein Gut. Bis hin zu diesem Punkt ist noch keine Ethik erforderlich. Die Ethik spricht ja von einem *Sollen*, sie leitet jetzt aus diesen natürlichen Gegebenheiten und Neigungen ab, was für den Menschen wahrhaft gut ist und was nicht gut für ihn ist. So hatte ich das Beispiel des Hungers genannt, einer Neigung, die auf eine Befriedigung durch Nahrung gerichtet ist. Ich kann aber deutlich mehr essen, als für mich zuträglich ist. Damit die Nahrung für mich ein Gut darstellt, muss es also ein *Maß* geben. Zu viel Nahrungsmittel sind ebenso schädlich wie zu wenig Nahrung. Aristoteles hat daraus eine der wichtigsten *Tugenden* abgeleitet, nämlich das Maßhalten, das ja nicht nur in Bezug auf die Ernährung von Bedeutung ist, sondern für alle anderen Neigungen ebenso gültig ist. Was ist aber das richtige Maß für das Gute? Dieser Frage bin ich schon im ersten Kapitel nachgegangen und ich habe deutlich zu machen versucht, dass es die Wesenheit des Menschen, seine Natur ist, die das Maß vorgibt. So wie wir ein gutes Dreieck daran erkennen, dass es das Wesen des Dreiecks möglichst vollkommen darstellt, so erkennen wir einen Kastanienbaum daran, dass er das Wesen des Kastanienbaums widerspiegelt. Dieses Wesen ist so etwas wie ein Ideal. Und dasselbe gilt auch für den Menschen und seine Handlungen. Auch diese müssen irgendwie einem Ideal, nämlich dem Wesen des Menschen, entsprechen. Eine Handlung, die das Wesen, die Natur des Menschen vervollkommnet, ist eine gute Handlung. Eine Handlung, die dies nicht tut, weist einen Defekt auf, sie entspricht nicht der menschlichen Natur und ist insofern schlecht, moralisch gesagt: böse. Doch dies ist noch sehr allgemein gesagt, und alles dies muss jetzt konkreter dargestellt werden. Bisher ging es mehr um die Grundlagen und allgemeinen Prinzipien der natürlichen Ethik. Im nächsten Kapitel werde ich mich einigen moralischen oder ethischen Grundbegriffen zuwenden, die in der gegenwärtigen Ethik eine Rolle spielen und zum weiteren Verständnis der natürlichen Ethik wichtig sind. Zuvor allerdings möchte ich die Grundlagen der natürlichen Ethik in sieben Thesen zusammenfassen. Diese Thesen sind einerseits eine Kurzfassung dessen, was ich schon zuvor ausgeführt habe, und andererseits weisen sie voraus auf das, was ich in den folgenden Kapiteln behandeln möchte.

Sieben Thesen der natürlichen Ethik

1. Alles, was existiert, hat eine Wesenheit oder eine Natur.

Die Wesenheit oder Natur einer Entität ist das, *was* diese ist. Sie lässt sich prinzipiell in einer *Definition* ausdrücken, auch wenn dies in vielen Fällen nicht einfach oder überhaupt gar nicht möglich ist. Keine einzige Wesenheit ist für uns vollständig erkennbar, doch ist dies auch nicht erforderlich, um Wesenheiten grundsätzlich erkennen zu können. Es ist ein oft geäußerter Einwand gegen die Behauptung, dass es Wesenheiten gibt, dass diese nur unklar erkennbar sind. So gibt es z. B. bei vielen Wesenheiten die Schwierigkeit einer klaren Abgrenzung von anderen Wesenheiten. Als Beispiel kann man hier die Abgrenzung zwischen Baum und Strauch anführen. Dennoch weiß jeder, was ein Baum und was ein Strauch ist, auch wenn dies in bestimmten Fällen nicht genau bestimmt werden kann. Es gibt freilich viele weitere Einwände gegen die Annahme von Wesenheiten. Wer aus welchen Gründen auch immer Wesenheiten grundsätzlich abstreitet, kann die Argumentation der natürlichen Ethik nicht nachvollziehen.

2. Die Tätigkeit eines Existierenden folgt aus seiner Wesenheit oder Natur.

Wenn es Wesenheiten gibt, dann folgt aus ihnen die Tätigkeit derjenigen Dinge, die diese Wesenheiten haben. Mit anderen Worten ausgedrückt: Die Naturgesetze sind Gesetze der Naturen, der Wesenheiten. Dass eine Rose im Sommer blüht, wenn die entsprechenden Bedingungen gegeben sind, folgt aus der Natur der Rose.

3. Auch der Mensch hat eine Wesenheit, und aus dieser folgt seine Tätigkeit und sein Handeln.

Alle Tätigkeiten und Handlungen des Menschen sind menschliche Handlungen. Sie folgen aus seiner Natur als der eines rationalen (vernunftbegabten) Sinnenwesens. Dass Menschen lachen, ist eine menschliche Tätigkeit, ebenso wie dass Menschen Philosophie studieren.

4. Jede Tätigkeit einer Wesenheit ist auf ein Ziel oder einen Zweck gerichtet.

Tätigkeiten sind nie sinn- oder zwecklos, sondern sind stets intentional, d. h. auf ein Ziel gerichtet. Dies gilt nicht nur von menschlichen Handlungen – wenn auch hier in besonderem, d. h. bewusstem Sinne –, sondern ebenso von allen anderen Lebewesen. Die Balz der Vögel ist letztlich auf die Erhaltung der Art gerichtet, wenn dies den Vögeln auch überhaupt nicht bewusst ist oder bewusst sein muss. Das Ziel jeder Tätigkeit ist stets irgendein Gut, z. B. die Fortpflanzung und die Erhaltung der Art; die Ernährung, die das Ziel der Selbsterhaltung hat; der Fluchtinstinkt oder das Anschleichen der Raubkatze, die ebenfalls der Selbsterhaltung dienen.

5. Während die Tätigkeit der unbelebten und belebten Entitäten nicht frei ist und sie stets in derselben Weise tätig sind und dabei ihre vorgegebenen Ziele zumeist erreichen, ist der Mensch frei und kann in einer Weise handeln, die seinem Ziel widerspricht.

Aus den zuvor erwähnten Beispielen wird deutlich, dass Tiere, aber ebenso auch Pflanzen und die unbelebte Natur gesetzmäßig tätig sind, d. h. dass diese Lebewesen nicht frei tätig sind, sondern z. B. bestimmten Trieben folgen. Die Tätigkeit der Atome und Moleküle folgt bestimmten Gesetzen, die von der Physik und Chemie beschrieben werden, und diese Gesetze folgen aus der Natur der Atome und Moleküle. Heliumatome z. B. verbinden sich nicht mit anderen Atomen, während Wasserstoffatome reaktionsfreudig sind. Auch verschiedene Tätigkeiten des Menschen, wie der Herzschlag und die Funktionen anderer innerer Organe, folgen diesen physikalisch-chemischen Gesetzen. Doch darüber hinaus kann der Mensch sich frei entscheiden. Wie bei allen anderen Entitäten ergeben sich auch aus der menschlichen Natur objektive Ziele, doch der Mensch kann diesen Zielen zuwiderhandeln. Die Ernährung dient der Selbsterhaltung und hat beim Menschen darüber hinaus auch kulturelle und soziale Zwecke. Wer jedoch mehr isst, als den Zwecken der Selbsterhaltung zuträglich ist, der wird nicht nur auf Dauer krank, sondern handelt den objektiven Zielen seiner Natur zuwider (woraus die Krankheit folgt). Der Besitz von Eigentum ist zweifellos ein Gut, das zur Erhaltung der menschlichen Natur erforderlich ist, aber auch zum Unterhalt der Familie, und das viele weitere Zwecke verfolgt. Wer sich diesen Besitz aber durch einen Banküberfall oder Einbruch erwirbt, handelt gegen die menschliche Natur. Diese Möglichkeit hat das Tier nicht; es handelt nicht gegen seine Natur, sondern verfolgt die vorgegebenen objektiven Zwecke seiner Natur, auch wenn es dabei nicht immer erfolgreich sein muss.

6. Die sich aus der menschlichen Natur ergebenden Ziele oder Zwecke sind der objektive Maßstab für die Pflichten und Rechte des Menschen.

Bei den fundamentalen Pflichten und Rechten des Menschen sind es entsprechend auch die grundlegenden Ziele der menschlichen Natur, aus der sich diese ergeben. Der Mensch ist ein rationales Wesen; dies ist die spezifische Differenz seiner Natur zum Tier. Daraus folgt, dass alle Tätigkeiten und Handlungen des Menschen so sein sollen, dass sie von der Rationalität bestimmt werden. Dies bedeutet, dass die körperlichen und emotionalen Triebe oder Bedürfnisse den rationalen Erfordernissen untergeordnet werden müssen. Im Unterschied zum Tier ist der Mensch auf ein letztes Ziel gerichtet, nämlich die ewige Glückseligkeit, *eudaimonia*, wie es bei Aristoteles heißt. Dass diese Glückseligkeit nicht in irgendeinem endlichen Gut bestehen kann, wussten bereits Platon und Aristoteles, die beide diese Glückseligkeit in der philosophischen Erkenntnis und besonders in der höchsten philosophischen Erkenntnis erblickten, nämlich der Erkenntnis Gottes. Dementsprechend sollen die menschlichen Handlungen so geordnet sein, dass sie diesem letzten Ziel zumindest nicht widersprechen. Dies bedeutet, dass *jede andere Tätigkeit als Mittel dem letzten Ziel* untergeordnet werden soll.

7. Eine den menschlichen Zielen zuwiderlaufende freie und bewusste Handlung ist moralisch schlecht oder böse; eine freie und bewusste Handlung, die im Einklang mit den natürlichen Zielen oder Zwecken des Menschen steht, ist moralisch gut.

Die moralischen Eigenschaften Gut und Böse ergeben sich entsprechend aus den Zielen der menschlichen Natur, denn gut ist das, was diesen Zielen entspricht. Da der Mensch sich nur verwirklichen kann, solange er lebt, wird ihm das wichtigste Gut genommen, wenn man ihn tötet. Und dies ist unabhängig davon, ob er krank ist oder sehr schwer leidet, denn auch das persönliche Leid ist nicht ein Hinderungsgrund zur Erreichung des letzten Zieles, sondern kann sogar ein besonderes Mittel dazu sein. Daraus folgt das fundamentale Recht auf Leben. Alle weiteren Rechte und Pflichten lassen sich auf dieser Grundlage ableiten.

3. Ethische Grundbegriffe

Das Gute und das Glück

Über das Gute als solches und das Gute für den Menschen im Allgemeinen habe ich schon einiges gesagt. Gut ist das, was zur Entfaltung des Wesens, zur Perfektion der Wesenheit einer Art beiträgt. Im Folgenden möchte ich dazu etwas konkreter werden und vor allem deutlich machen, dass die verschiedenen Güter des Menschen in einer bestimmten Ordnung stehen. Hierbei kommen wir zurück auf die Definition der Ethik in der Einleitung zu diesem Buch, wo ich Bernard Kälin zitiert habe mit den Worten: „*Die Ethik ist die Wissenschaft, die auf Grund der Vernunft aus den tiefsten Gründen zu erkennen sucht, wie der Mensch leben muss, damit er sein Ziel möglichst gut erreicht.*" In diesem Zitat ist nicht die Rede von verschiedenen Zielen, sondern vom *Ziel* des Menschen. Dies weist darauf hin, dass es bei all den verschiedenen Zielen, die im Zusammenhang mit den verschiedenen Neigungen stehen, die aus dem Wesen des Menschen folgen, *ein letztes Ziel* gibt. Dies war bereits die Auffassung des Aristoteles. Alles Streben des Menschen ist auf ein letztes Ziel, auf ein Endziel gerichtet. Zumeist sind wir uns dessen allerdings nicht bewusst, und solange wir uns dessen nicht bewusst sind, können wir dieses Endziel auch nicht richtig verfolgen. Die natürliche Ethik muss deshalb zunächst dieses Endziel des Menschen zu erfassen versuchen.

Natürlich hat nicht jeder Mensch dasselbe Ziel. Es gibt aber ein Ziel, das der Mensch als solcher, insofern er Mensch ist, anstrebt, und dieses Ziel muss man unterscheiden von dem konkreten letzten Ziel, das jeder für sich anstrebt. Ein Endziel ist in beiden Fällen aber ein solches Ziel, das keinem anderen Ziel des Menschen untergeordnet ist und das daher ein Ziel ist, das *um seiner selbst willen* erstrebt wird und nicht deshalb, um ein anderes, höheres Ziel zu erreichen. Dass der Mensch als solcher nach einem Endziel strebt, bedeutet, dass er nach diesem Ziel im Allgemeinen strebt, und zwar insofern er Mensch ist und unabhängig davon, ob ihm dieses allgemeine Endziel bekannt ist. Nicht der einzelne Mensch, sondern die *Natur* des Menschen erstrebt dieses abstrakte Endziel. Das ist natürlich eine recht starke Behauptung, die einer Begründung bedarf.

Zunächst will ich Argumente dafür vorstellen, dass der Mensch als solcher nach einem Endziel im Allgemeinen strebt (Kälin 1945, 7f.). Ich habe schon in den beiden vorangegangenen Kapiteln mehrfach darauf hingewiesen, dass nicht nur alle menschlichen Neigungen auf ein Ziel gerichtet sind, sondern insbesondere alle menschlichen Handlungen. Das Ziel einer Tätigkeit und natürlich auch das Ziel der Handlung ist stets ein Gut. Dabei geht es hier nicht um ein bestimmtes Gut – wir sprechen ja von der *Natur* des Menschen, dem Menschen als solchem –, sondern um ein Gut schlechthin. Jede Handlung strebt nach einem Ziel, das zumindest vom Handelnden für gut gehalten wird. Bekanntlich ist nicht alles, was wir für gut halten, auch tatsächlich gut. Ich hatte schon das Beispiel des Bankräubers genannt, bei dem zwar das erstrebte Geld durchaus ein Gut ist, aber das dazu gewählte Mittel nicht. Hier geht es zunächst nur um die Behauptung, dass das erstrebte Ziel stets ein Gut ist. Niemand kann das Böse als Böses erstreben. Wir erstreben als Ziel unserer Handlungen die verschiedensten Güter, seien es Reichtum, Gesundheit, innere Ruhe und Gelassenheit oder auch Ruhm und Anerkennung. All diese Dinge sind Güter. Dies bedeutet aber noch nicht, dass der Mensch ein letztes Ziel erstrebt. Allerdings bestätigt dies die These, dass der Mensch nach dem Guten im Allgemeinen strebt, zunächst unabhängig von einem bestimmten Gut.

Dieses Gute im Allgemeinen – was es auch immer sein mag – ist das, was mit dem *allgemeinen* Endziel gemeint ist. Anders gesagt: die menschliche Natur strebt nach dem Guten und dieses Gute ist das Endziel allen Strebens. Der Verstand erkennt etwas als gut und stellt es dem Willen als erstrebenswert vor, und der Wille strebt dieses Gut als sein Ziel an. Daher ist es *das Gute*, das von allen Menschen erstrebt wird. Bis zu diesem Punkt gibt es kaum Widerspruch und hier sind wir uns auch mit Aristoteles einig. Doch während man sich allgemeiner Zustimmung erfreuen kann, wenn man behauptet, dass alle das Gute wollen, beginnt die Auseinandersetzung und der Streit über die Frage, was denn wirklich gut sei, worin das Gute bestehe. Und damit komme ich zur zweiten These, mit der ich behauptet habe, dass jeder einzelne Mensch ein konkretes Endziel erstrebt. Die Argumentation für diese These ist schon etwas komplexer.

Beginnen wir mit einem konkreten Beispiel, denn das, was von einem bestimmten Menschen erstrebt wird, ist nichts Allgemeines, sondern etwas Bestimmtes, etwas Konkretes. Stellen Sie sich vor, Sie wollen ein Fest feiern. Dazu verschicken Sie Einladungskarten oder E-Mails oder Sie rufen die Personen an, die Sie einladen möchten. Das Schreiben einer Einladungskarte ist selbst ein Ziel. Sie müssen Karten aussuchen, beschriften, frankieren und versenden. Wenn dies getan ist, haben Sie dieses Ziel erreicht. Doch dieses Ziel dient nur als Zwischenziel, als Mittel zur Vorbereitung des Festes. Dann müssen Sie einkaufen gehen. Sie benötigen Wein, Bier und andere Getränke. Sie müssen Lebensmittel einkaufen, wenn Sie den Gästen beim Fest ein Essen servieren möchten. Auch dies sind Ziele, die aber wieder einem höheren Ziel untergeordnet sind. Das letzte Ziel, dem alle diese zur Vorbereitung des Festes erforderlichen Tätigkeiten untergeordnet sind, ist das Fest selbst. In Bezug auf das Fest sind die verschiedenen Vorbereitungen, bei denen es sich um Güter handelt, die als Ziele erstrebt werden, nur Mittel, Zwischenziele. Das letzte Ziel ist erreicht, wenn die Gäste eingetroffen sind und das Fest in Gang gekommen ist. Dies bedeutet, mit anderen Worten, der Versand der Einladungskarten, die Einkäufe, das Kochen usw. werden nicht um ihrer selbst willen getan, sondern wegen des Festes. Aus diesem Beispiel können wir nun eine Schlussfolgerung ziehen: *Jedes einzelne vom Menschen erstrebte Gut wird entweder um eines anderen willen erstrebt, oder um seiner selbst willen.* Es gibt hier nichts Drittes.

Sicher ist das Fest auch nicht etwas, was um seiner selbst willen erstrebt wird. Man feiert ein Fest zum Beispiel, um die Freundschaft zu festigen oder um sich zu entspannen oder um seinen Chef zu beeindrucken und dadurch die Karrierechancen zu verbessern. Und auch bei diesen Zielen kann man noch immer weiterfragen, ob sie denn um ihrer selbst willen erstrebt werden oder nicht vielmehr auch wieder um eines anderen willen. Doch zunächst geht es um die Schlussfolgerung, die wir als weitere Prämisse für unser Argument verwenden wollen, dass alles, was wir erstreben, entweder um seiner selbst willen oder um eines anderen willen erstrebt wird.

Sollte nun ein bestimmter Mensch ein Gut um seiner selbst willen erstreben, dann muss dies ein Gut sein, bei dem jedes weitere Streben aufhört. Es muss ein solches Gut sein, nach dem nichts Besseres, kein höheres Gut mehr möglich ist und nach dessen Erlangung der Mensch nichts weiter verlangt. Es ist zugleich ein solches Gut, im Vergleich zu dem alle anderen Güter, die er angestrebt hat, nur Zwischenziele oder Mittel waren, die also nur deshalb erstrebt wurden, damit das letzte Gut als letztes Ziel erreicht wird. Dieses höchste und letzte Gut, das Ziel allen Strebens, kann aber kein allgemeines Gut sein, sondern es muss ein konkretes, „fassbares“ Gut sein.

Wenn der Wille auf ein Gut gerichtet ist, das um eines anderen Gutes willen erstrebt wird, und dieses wieder um eines anderen willen, so wie beim Fest die Einladungsschreiben und die Einkäufe und das Kochen um des Festes willen geschehen, das Fest aber wieder um eines anderen Gutes willen und dieses wieder um eines anderen Gutes, dann muss es entweder ein letztes und höchstes Ziel geben, das um seiner selbst willen erstrebt wird, oder diese Reihe der Güter muss ins Unendliche weitergehen. Trifft das Erste zu, dann haben wir ein Endziel erreicht. Trifft jedoch das Zweite zu, d. h. gibt es kein solches Endziel, sondern geht das Streben auf immer weitere Ziele, dann gibt es auch kein konkretes Gut, das als letztes Ziel erstrebt wird. Ein Mensch, der so immer weiter strebt, ohne ein letztes Ziel zu erreichen, hat freilich dann auch kein letztes, bestimmtes Ziel im Blick, denn für ihn gibt es ein solches konkretes Ziel, das um seiner selbst willen erstrebt wird, nicht. Doch was bedeutet das? Wenn es kein konkretes Endziel gibt, um dessentwillen alle anderen Ziele erstrebt werden, dann gibt es auch all die anderen Ziele nicht, die als Mittel zu diesem letzten Ziel dienen. Doch da jede Tätigkeit nur um eines Zieles willen geschieht, was bereits zuvor bewiesen wurde, bedeutet dies, dass es gar keine Tätigkeit gäbe. Da wir nun den ganzen Tag über tätig sind, muss es somit ein letztes Ziel auch für denjenigen geben, der bestreitet, dass es für ihn ein Endziel gibt.

Zum besseren Überblick und damit hoffentlich zum besseren Verständnis des ganzen Arguments stelle ich dieses noch einmal in den wesentlichen Schritten dar. Es geht hier nicht um das erste Argument für die These, dass der Mensch als solcher ein Gut im Allgemeinen erstrebt, denn dieses Argument ist kaum umstritten, sondern es geht um das Argument bezüglich der These, dass der konkrete einzelne Mensch, also Sie, bei allen Ihren Tätigkeiten ein letztes, konkretes Ziel erstrebt, ein Ziel bzw. ein Gut, das Sie um seiner selbst willen erstreben.

1. Jedes bestimmte vom Menschen erstrebte Gut wird entweder um eines anderen willen oder um seiner selbst willen erstrebt.
2. Wenn der Mensch ein Gut um seiner selbst willen erstrebt (d. h. so, dass alles Streben darin zur Ruhe kommt und nichts Weiteres erstrebt wird), dann handelt es sich bei diesem Gut um ein konkretes, bestimmtes Gut.
3. Dieses konkrete, bestimmte Gut ist dann ein Endziel.
4. Wenn der Mensch ein Gut um eines anderes willen erstrebt und dieses andere wieder um eines anderen willen, dann ist diese Reihe der erstrebten Güter entweder endlich oder unendlich.
5. Wenn diese Reihe der Güter endlich ist, dann gibt es ein letztes Ziel, um dessentwillen alle anderen Güter erstrebt wurden und bei dem jedes weitere Streben und damit jede weitere Tätigkeit ihr Endziel erreicht (siehe 3).

6. Wenn diese Reihe der Güter unendlich ist, dann gibt es kein letztes Ziel, um dessentwillen alle anderen Ziele angestrebt werden.
7. Jede Handlung ist auf ein Ziel gerichtet. Wenn es kein letztes Ziel gibt, dann gibt es auch kein Zwischenziel, das zur Erreichung des letzten Zieles ein Mittel ist.
8. Daraus folgt, dass es dann keine Handlung gäbe.
9. Es gibt Handlungen bei allen Menschen. Also gibt es ein letztes konkretes und bestimmtes Ziel für jeden einzelnen Menschen.

Ein Einwand, der hier naheliegt, könnte nun lauten: Es könnte doch trotzdem sein, dass ein Mensch immer nur ein naheliegendes Ziel verfolgt, vielleicht mitq einigen Zwischenzielen, aber ohne ein letztes Endziel. Wir wollen ein Fest feiern und unternehmen das dazu Notwendige, bereiten alles vor und dann findet das Fest statt und danach ist dieses Ziel erreicht. Anschließend nehmen wir uns ein anderes Ziel vor, zu dem wieder einige Zwischenziele erforderlich sind, bis wir dieses Ziel erreicht haben, um dann wieder mit einem neuen Ziel von vorne zu beginnen. Aber bei all dem braucht es doch kein Endziel. Dass man von den vielen einzelnen Zielen auf ein Endziel schließt, im Verhältnis zu dem die Einzelziele nur Mittel sind, ist ein Fehlschluss. Es handelt sich um den Fehlschluss der Komposition (alle Atome einer Kastanie sind farblos, also ist die Kastanie farblos).

Es ist aber genau dieser Einwand, der mit dem Argument zurückgewiesen werden sollte. Ich habe ihn dennoch vorgebracht, weil ich vermute, dass das Argument noch nicht vollständig verstanden wurde und viele Menschen in dieser Weise über ihr Leben denken. Deshalb ist eine zusätzliche Erläuterung erforderlich. Die Frage ist nämlich, warum Sie überhaupt nach der Erreichung eines Gutes ein weiteres Gut anstreben. Die Antwort lautet: Weil Sie mit der Erreichung dieses Ziels und dieses Guten, z. B. des Festes, nicht zufrieden sind. Sie streben noch nach etwas anderem. Und auch dieses Andere, z. B. die Karriere in Ihrem Unternehmen, stellt Sie letztlich noch nicht zufrieden. Selbst wenn Sie das Fest nicht feiern, um dadurch die Karriere zu fördern oder die Freundschaft zu festigen, oder um eines anderen naheliegenden Gutes willen, dann feiern Sie es zumindest deshalb, weil Sie Freude daran haben ein Fest zu feiern. Und dieses Streben nach der Freude, die im Feiern eines Festes liegt, verweist auf ein letztes Ziel. Dieses letzte bestimmte und konkrete Ziel jedes Menschen ist nämlich die *Glückseligkeit*. Es handelt sich um ein altes Wort, das heute nicht mehr so gebräuchlich ist, das aber mehr bedeutet als Glück. Glücklich kann man auch bei einem Fest sein oder im Gespräch mit Freunden oder im Urlaub. Die Glückseligkeit meint ein vollkommenes Glück, über das hinaus es nichts mehr geben kann, das noch als Ziel erstrebt werden könnte. Glückseligkeit meint so etwas wie ein vollkommenes Glück, ein absolutes Glück, bei dem jedes weitere Streben zum Ende kommt. Diese Glückseligkeit ist das Ziel jedes Menschen. Und es ist ein durchaus konkretes, ein bestimmtes Gut, auch wenn es sich nicht inhaltlich detailliert beschreiben lässt. Der Fehlschluss der Komposition ist hier nicht anwendbar, weil das Endziel nicht die Summe oder das Ganze der Einzelziele ist, sondern in jedem Einzelziel enthalten ist als das, was eigentlich erstrebt wird.

Das höchste Gut: Glückseligkeit

Das Endziel alles menschlichen Strebens ist auf ein konkretes Ziel gerichtet, das zugleich das höchste Gut ist, und dies ist die Glückseligkeit. „Alle Menschen streben von Natur nach Glück", sagt Aristoteles, und ich glaube, er hat Recht. Wenn man jemanden fragen würde: „Willst Du glücklich sein?", so wäre diese Frage ebenso überflüssig wie die Frage, ob man Mensch sein will. Selbstverständlich will jeder glücklich sein und jeder hat deshalb auch das Recht, nach seinem Glück zu streben. Die Frage, die allerdings von größter Bedeutung ist, lautet: Was ist Glück? Oder, worin besteht das Glück? Was macht den Menschen glücklich? Das, worin die Glückseligkeit besteht, ist sehr umstritten. In diesem Abschnitt möchte ich dennoch versuchen, darauf eine Antwort zu geben, und zwar eine Antwort, die sich aus dem ergibt, was wir bereits untersucht haben. Die Glückseligkeit muss, allgemein und formal gesagt, darin bestehen, dass sie die Natur des Menschen vollendet, dass sie die vollständige Entfaltung der menschlichen Wesenheit bedeutet, dass sich in ihr der Mensch vollständig in seinem Menschsein verwirklicht. Man kann nun fragen, ob es eine derartige Glückseligkeit überhaupt gibt oder ob es sie überhaupt geben kann, doch dazu müssen wir zunächst einmal näher untersuchen, was diese Glückseligkeit bedeutet.

Zunächst müssen wir eine Unterscheidung treffen. Da wir an einer objektiven Ethik interessiert sind, müssen wir nach der objektiven Glückseligkeit fragen und dann, anschließend, nach der subjektiven Glückseligkeit. Subjektiv bedeutet hier die Frage, worin konkret die Glückseligkeit für mich oder für Sie besteht?

Das objektiv Gute ist das, was unser Streben nach dem Glück vollständig erfüllen kann. Es muss dies ein solches Gut sein, das mit keinem bestimmten Gut identisch ist, denn alle anderen Güter sind demgegenüber so beschaffen, dass sie nicht das Streben nach Glück *vollständig* befriedigen können. Thomas von Aquin spricht bei diesem Guten deshalb auch vom *summum bonum*, dem höchsten Gut.

Nun stellt sich die Frage, was denn ein solches Gut sein könnte. Diese Frage stellen sich Moralphilosophen nicht erst seit einigen Jahren, sondern bereits seitdem es die Moralphilosophie gibt, d. h. seit der Antike. Und seither sind die Meinungen zu diesem Thema auch sehr unterschiedlich ausgefallen, wie man sich denken kann. Allgemein hatte ich schon gesagt, dass das Gute darin besteht, dass es die Natur des Menschen erfüllt. Daher sind zunächst alle Dinge gut, die ein natürliches Streben erfüllen. Nahrungsmittel sind gut, weil sie das Streben nach Nahrung und letztlich nach Selbsterhaltung erfüllen. Doch nachdem wir satt geworden sind, werden wir wieder hungrig.

Daher kann es nicht ein Nahrungsmittel sein – und sei es das allerbeste –, das die Natur des Menschen *vollkommen* erfüllt (J. Wild 1948, 41ff.). Damit etwas vollkommen erfüllend ist, muss es so beschaffen sein, dass es weder darüber hinaus noch in Zukunft etwas gibt, was diese Erfüllung der menschlichen Natur übertrifft. Das, was die Natur des Menschen wesentlich bestimmt, was den Menschen erst zum Menschen macht, ist sein Verstand, die Rationalität und der Wille. Daher muss das höchste Gut ein solches sein, das vor allem den Verstand und den Willen erfüllt. David Oderberg (2014, 7) hat ein Kriterium eingeführt, bzw. einen „fundamentalen Test für Moralität", mit dessen Hilfe man bestimmen kann, ob etwas moralisch gut ist. „Der fundamentale Test der Moralität besteht darin, dass eine Handlung durch den Verstand des Menschen auf ein letztes Ziel gerichtet ist." Eine Handlung ist dann moralisch gut, wenn sie durch den Verstand mit Hilfe des Willens auf ein letztes Ziel gerichtet ist. Dieses letzte Ziel ist aber dasjenige Ziel, das die Natur des Menschen vollständig erfüllt. Es ist das Ziel, das wir hier suchen, das höchste Gut, das *summum bonum*. Wenn wir dieses letzte Ziel finden, haben wir zugleich das Kriterium, mit dem wir bestimmen können, ob eine Handlung moralisch gut ist.

Im Verlauf der Philosophiegeschichte wurden sehr verschiedene Vorschläge gemacht, worin das höchste Ziel und Gut des Menschen bestehe. So sah Platon dieses Ziel in der Verähnlichung des Menschen mit Gott. Die Stoiker meinten, dass die Übung der Tugenden das letzte Ziel des Menschen sei, eine Meinung, die heute eher weniger Anhänger haben dürfte. Ähnlich sieht es bei Immanuel Kant aus: Das höchste Ziel des Menschen ist nach Kant das, was er „Heiligkeit" nennt, worunter er die völlige Angemessenheit der Gesinnung an das moralische Gesetz versteht. Diese völlige Unterordnung unter das selbst gesetzte moralische Gesetz, den *kategorischen Imperativ*, dass man stets so handeln soll, dass die *Maxime* dieser Handlungen jederzeit zum allgemeinen Gesetz werden könnte, hat die Glückseligkeit zur Folge. Glückseligkeit versteht Kant als denjenigen „Zustand eines Wesens, dem im Ganzen seiner Existenz alles nach

Wunsch und Willen geht“ (zitiert nach Kälin 1945, 11). Allerdings weiß Kant auch, dass diese „Heiligkeit“ für ein rationales Wesen nicht zu erreichen ist. Deshalb bleibt es bei einem bis ins Unendliche gehenden Fortschritt hin auf dieses Ziel. Man kann immer nur auf dem Weg zur Glückseligkeit sein, wird diese aber nie erreichen. Das tiefste Streben des Menschen findet nach Kant letztlich keine Erfüllung.

Anders als Kant ist Aristoteles Realist. Für ihn gehören verschiedene Dinge zum höchsten Glück. Insbesondere die Übung der Tugenden ist von großer Bedeutung, aber ebenso materieller Wohlstand, denn ohne diesen lassen sich auch die Tugenden nur schwer ausüben. Schon eher dem Verständnis unserer Gegenwart kommen die Hedonisten nahe. Für sie, wie z. B. für Epikur, besteht das höchste Glück in einem vollkommenen Lebensgenuss. Allerdings ist dieser Genuss im Sinne Epikurs nicht so oberflächlich zu verstehen, wie dies heute oftmals gedacht wird. Der vollkommene Lebensgenuss ist nämlich nicht bloß im Genuss sinnlicher Lüste zu sehen, sondern die Vernunft spielt eine zentrale Rolle, wenn es darum geht, die Lust zu genießen. „Die Vernunft korrigiert die Lebensführung durch die Aufdeckung der wahren Güter und die Verwerfung verfehlter Wünsche und führt auf diese Weise zum Glück“ (Christoph Horn 2013, 69). Wesentlich dafür ist eine bestimmte charakterliche Haltung, die Epikur mit einer vollkommenen inneren Ruhe umschreibt. Sein Begriff dafür lautet *Ataraxia*, was man vielleicht mit „Unaufgeregtheit“ übersetzen kann. Die reine Lustorientierung hält Epikur nicht für einen Weg zur Glückseligkeit, sondern sie führt eher zu Depressionen, Niedergeschlagenheit und Überdruss. Ein Blick auf die Gegenwart kann diese Beurteilung Epikurs bestätigen.

In vielen Fällen, in denen etwas als ein höchstes Gut postuliert wird, wie z. B. Genuss oder Lust oder Freude, wird dieses, bei genauerer Betrachtung, nicht um seiner selbst willen gesucht, sondern ist die Folge anderer menschlicher Tätigkeiten, mit denen etwas Gutes verfolgt wird. Genuss, Lust oder Freude sind deshalb nicht etwas Gutes in sich selbst, sondern gewissermaßen Begleiterscheinungen des Guten, das verfolgt wird. So ist Freundschaft ein echtes Gut und Freundschaft bereitet Freude (vgl. D. Oderberg 2004). Freundschaft ist ein Gut, weil sie zur Erfüllung der Natur des Menschen notwendig ist; die Freude ist eine Begleiterscheinung dieser Erfüllung.

Es gibt eine ganze Reihe weiterer Glückvorstellungen, die ich hier nicht im Einzelnen diskutieren möchte. Dazu gehören z. B. auch soziale Beglückungsideologien wie der Kommunismus oder Sozialismus und alle anderen Ideologien, die einen Zustand vollkommenen Glücks auf dieser Erde verwirklichen wollen und in allen Fällen das genaue Gegenteil bewirkt haben. Zu den aktuellen politischen Ideologien, die auch von den Vereinten Nationen und der Europäischen Union verfolgt werden, gehört die vollständige Durchmischung der Länder mit zahlreichen Volksgruppen und Kulturen und die Auflösung einheitlicher kultureller Räume. Man verspricht sich dadurch ein Paradies des Friedens und vollkommenen Frieden. Bisher haben diese Versuche eher das Gegenteil bewirkt und dazu geführt, dass selbst kleine Unterschiede überbetont werden. Damit verbunden ist schließlich auch eine Ideologie, nach der das Geschlecht des Menschen eine Konstruktion von sozialen, politischen und kulturellen Traditionen sei und durch eine Dekonstruktion aufgelöst werden sollte, sodass jeder Mensch sein Geschlecht zu verschiedenen Zeiten seines Lebens selbst gestalten sollte. Die Festlegung auf ein bestimmtes Geschlecht gilt als repressiv. Diese Ideologie wird oft unter dem Titel *Gender Mainstreaming* begrifflich gefasst. Die bekannteste Vertreterin dieser Ideologie ist die amerikanische Philosophin Judith Butler (2009). Warum gerade in der freien Wahl des biologisch vorgegebenen Geschlechts (was hier freilich bestritten wird) das höchste Glück bestehen soll, verstehe ich nicht. Aber vermutlich hängt es damit zusammen, dass viele Ideologien das Glück des Menschen in vollkommener *Gleichheit* sehen und naturgegebene Geschlechtsunterschiede als repressiv empfunden werden, sodass sie nach einer Emanzipation rufen.

Statt noch weitere „Weltbeglückungsideologien“ im Einzelnen zu diskutieren, möchte ich eine These vorstellen und verteidigen, die sich von den bisher genannten grundsätzlich unterscheidet. Nach Thomas von Aquin, dem ich auch in diesem Punkt folge, besteht das höchste Glück nicht in einem oder auch allen materiellen Gütern oder in irgendetwas Geschaffenen, sondern in Gott. Das muss natürlich begründet werden. Der erste Teil meiner These behauptet, dass es kein geschaffenes Gut gibt, das mit der Glückseligkeit identisch ist. Dies gilt sowohl für äußere Güter wie Reichtum, Anerkennung, Ruhm und Ehre, als auch für innere Güter wie Gesundheit, Schönheit, Erkenntnis, Genuss und Lust. Das Argument für die These, dass diese Güter nicht mit der Glückseligkeit als dem höchsten Gut identisch sind, lautet folgendermaßen:

1. Kein äußeres Gut wird um seiner selbst willen erstrebt.
2. Kein inneres Gut wird um seiner selbst willen erstrebt.
3. Das höchste Gut ist ein solches, das nicht um eines anderen willen, sondern um seiner selbst willen gesucht wird.
4. Also ist das höchste Gut (Glückseligkeit) weder mit einem äußeren oder inneren Gut identisch, noch mit all diesen Gütern zusammen.

Nun kann man einwenden, dass es vielleicht doch bestimmte innere oder auch äußere Güter gibt, die um ihrer selbst willen erstrebt werden. Doch welche Güter sollten dies sein? Wozu dient die Gesundheit? Wollen wir gesund sein um der Gesundheit willen? Wohl kaum. Wir wollen gesund sein, um am gesellschaftlichen Leben teilnehmen zu können, um aktiv sein zu können, und aus verschiedenen anderen Gründen. Das gilt auch für Ruhm und Ehre. Ruhm und Ehre sind kein Selbstzweck, denn sie dienen dazu, andere Güter, wie Freundschaft, Anerkennung und anderes, zu erlangen. Aber wie ist es mit Freundschaft oder Erkenntnis? Beides sind in der Tat für die klassische Philosophie grundlegende Güter, ohne die der Mensch nicht seiner Natur gemäß zu leben vermag. Die Freundschaft und auch die

Erkenntnis bleiben deswegen aber Mittel und sind auch kein Selbstzweck. Zur Verwirklichung meiner Persönlichkeit, zur Entfaltung meiner Kräfte und Vermögen bedarf ich einer Familie und Freunde. Auch die menschliche Erkenntnis strebt immer weiter und kommt, solange wir leben, nicht an ein Ziel. Jede Erkenntnis führt dazu, nach weiterer Erkenntnis zu streben, und je tiefer wir in einen Erkenntnisgegenstand eindringen, desto mehr erkennen wir, dass wir fast gar nichts wissen.

Doch wie schaut es mit dem Gut aus, das die Stoiker oder auch Aristoteles als höchstes Gut betrachtet haben, nämlich der Pflege und Ausbildung der Tugenden? Jeder weiß, dass die Übung der Tugenden oft mit erheblichen Opfern und Schwierigkeiten verbunden ist und dass es auch Situationen gibt, in denen wir die Tugenden wieder verlieren können. Glückseligkeit beinhaltet auch, dass dieses höchste Gut nicht davon bedroht ist, dass wir es wieder verlieren können.

Der zweite Teil der These behauptet nun, dass die objektive Glückseligkeit allein in Gott besteht. Das bedeutet, dass Gott objektiv die vollkommene Glückseligkeit ist, und dass folglich die Erkenntnis Gottes für den Menschen die subjektive Glückseligkeit darstellt. Zunächst möchte ich das Argument dafür geben, dass Gott selbst die Glückseligkeit ist. Dies setzt freilich voraus, dass es überhaupt einen Gott gibt. Die Argumente für die Existenz Gottes kann ich allerdings in diesem Zusammenhang nicht wiederholen. Ich verweise dazu aber auf den fünften Band des *Grundkurses Philosophie*, der sich allein diesem Thema widmet und starke Argumente dafür gegeben hat, dass es einen Gott gibt. Dieser Gott der Gottesbeweise und der Gott, der jetzt in der Ethik als höchstes Gut betrachtet wird, ist der Gott, der allein mit den Mitteln der menschlichen Vernunft erkannt werden kann und daher nicht auf einer Offenbarung beruht. Allerdings widerspricht dieser „Gott der Philosophen" auch nicht den Offenbarungsreligionen.

Doch wie lässt sich nun dafür argumentieren, dass Gott das höchste Gut bzw. die objektive Glückseligkeit ist? Wir hatten gesagt, dass das vollkommene Glück etwas sein muss, bei dem jedes weitere Streben zu Ende kommt. Das Streben des Menschen folgt aus der Erkenntnis, d. h., der Mensch erkennt etwas als gut und stellt es dem Willen als zu erstrebendes Gut vor. Deshalb reicht das menschliche Streben so weit, wie die Erkenntnis reicht. Die menschliche Erkenntnis ist aber potenziell unendlich und dies bedeutet, dass sich die Erkenntnis auf ein unendliches Gut richtet. Das Ziel der menschlichen Erkenntnis ist somit ein unendliches Gut. Im Zusammenhang mit den Gottesbeweisen im fünften Band des *Grundkurses* habe ich dafür argumentiert, dass wir erkennen können, dass alle endlichen Güter eine unendliche Ursache haben und dass diese Ursache Gott ist.

Ein möglicher Einwand gegen dieses Argument lautet: Könnte es nicht sein, dass die Erkenntnis zwar potenziell unendlich und deshalb auf ein unendliches Gut gerichtet ist, dass dieses unendliche Gut aber nicht existiert? Der Einwand ist berechtigt, denn aus der potenziellen Unendlichkeit der menschlichen Erkenntnis folgt nicht, dass diese Unendlichkeit existiert. Selbst wenn etwas Unendliches existieren sollte, bedeutet das nicht, dass diese Unendlichkeit Gott ist. Das Argument ist deshalb nicht geeignet, die Existenz Gottes zu beweisen (was von verschiedenen neuscholastischen Philosophen im 20. Jahrhundert behauptet wurde), sondern setzt die Existenz Gottes voraus. Die Existenz Gottes muss durch andere Argumente bewiesen werden, die ich, wie gesagt, im 5. Band dieser Reihe unter dem Titel *Die Existenz Gottes* vorgestellt habe. Unbestreitbar ist aber ein unendliches Streben des Verstandes nach Erkenntnis, die jedes Ergebnis immer wieder übersteigt. Jede Entdeckung führt zu weiteren Untersuchungen und die Erkenntnis gibt sich mit keinem Ergebnis zufrieden. *Wenn* es etwas gibt, bei dem dieses Streben der Erkenntnis zu einem Ende kommt, dann muss es so beschaffen sein, dass es ein unendliches Gut ist, über das hinaus nichts anderes mehr gesucht wird. Es muss zudem ein Gut sein, das um seiner selbst willen erstrebt wird. Anders gesagt: Wenn es einen Gott gibt und dieser

Gott der Schöpfer des Menschen und der menschlichen Erkenntnis ist, dann kann nur Gott dieses unendliche Gut sein, bei dem alles menschliche Streben befriedigt wird. Wenn es einen Gott gibt, dann muss dieser Gott notwendigerweise die objektive Glückseligkeit sein. Das Argument dafür, dass Gott die objektive Glückseligkeit ist, setzt die Existenz Gottes voraus.

Die *subjektive Glückseligkeit* bedeutet, dass wir das objektiv höchste Gut erlangt haben. Die Glückseligkeit besteht in der Erkenntnis des höchsten Gutes, in der Erkenntnis Gottes. Man kann die subjektive Glückseligkeit formal und allgemein so beschreiben: Glückseligkeit ist die vollständige Erfüllung aller Potenzialitäten, Neigungen, Dispositionen, Tendenzen der menschlichen Natur, oder die vollständige Entfaltung aller Vermögen und Kräfte der menschlichen Natur. In scholastischer Terminologie ausgedrückt: die vollständige Aktualisierung aller menschlichen Potenzialitäten. Dies bedeutet einen dauerhaften Zustand des Friedens und der Freiheit von allem Übel und den Besitz des vollkommensten Gutes, das der Verstand zu fassen vermag. Dieser „Zustand“ bedeutet nicht Passivität, sondern es handelt sich um eine Tätigkeit, nämlich die Tätigkeit, in der dieser Zustand erfasst oder besessen wird. Der Mensch erfüllt seine Natur in der Tätigkeit und insofern muss die Glückseligkeit auch als eine Tätigkeit verstanden werden. Dabei muss es sich um eine rationale Tätigkeit handeln, denn der Besitz Gottes als des objektiv höchsten Gutes kann nur durch den Verstand erlangt werden, weil Gott reiner Geist ist.

Abschließend noch einige Worte zu der *Ordnung der Werte* im menschlichen Leben, wenn ich hier einmal das Wort „Wert“ verwenden darf, das in der natürlichen Ethik eigentlich keinen Platz hat. Die natürliche Ethik ist keine Werteethik. Nach dem Gesagten dürfte deutlich geworden sein, dass für ein Leben, dessen Ziel der Besitz des höchsten Gutes, also die Glückseligkeit, ist, die Religion den höchsten Wert besitzt. Mit Religion meine ich hier zunächst die Erkenntnis Gottes und die daraus folgende Gottesverehrung. Um es konkreter auszudrücken: die Erkenntnis Gottes ist wichtiger als die Erkenntnis der sogenannten „Weltformel“ – ein wichtiges Thema der theoretischen Physik – und auch wichtiger als jede andere Erkenntnis.

Als Zusammenfassung dieses Kapitels kann man jetzt sagen: Wenn es einen Gott gibt, dann ist Gott das objektiv höchste Gut und als solches mit der objektiven Glückseligkeit identisch. Wenn Gott die objektive Glückseligkeit ist, dann besteht die Glückseligkeit des Menschen bzw. die subjektive Glückseligkeit darin, dieses höchste Gut zu besitzen. Der Besitz dieses höchsten Gutes und damit der Glückseligkeit ist in diesem Leben nicht vollständig möglich. Sofern die rationale Seele des Menschen unsterblich ist, wird sie den Zustand der Glückseligkeit erst nach dem Tod erreichen können, in der Vereinigung mit Gott. Dies setzt voraus, dass die rationale Seele unsterblich ist, wofür ich im dritten (2014, 36ff.) und vierten Band (2015, 111ff.) des *Grundkurses Philosophie* argumentiert habe.

Das Böse gibt es nicht

Als Sie die Überschrift dieses Abschnitts gelesen haben, mögen Sie gedacht haben, dass es doch wohl nicht ernst gemeint sein könne, dass es das Böse und das Übel nicht gibt. Schließlich begegnen wir dem Bösen und dem Übel überall und ständig. Es reicht, die Tageszeitung anzusehen und die Nachrichten zu hören, um zu sehen, dass es das Böse gibt. Auch nichtmoralische Übel sind überall vorhanden, wie die zunehmenden Naturkatastrophen, oder Dinge, wie ein Defekt des Computers, der dazu führt, dass die Arbeit unterbrochen werden muss. Insofern haben Sie natürlich Recht. In diesem Sinne *gibt es* das Übel und das Böse. Mit der Überschrift ist etwas anderes gemeint, etwas, das für die thomistische Philosophie und Ethik zentral ist, nämlich, dass das Böse und das Übel *nichts Seiendes* ist, dass es sich beim Bösen, im Unterschied zum Guten, nicht um eine Entität handelt. Das Böse hat nicht, wie das Gute, eine Wesenheit. Ich kann nicht fragen: Was ist das Böse? Nicht in demselben Sinne, wie wir zuvor gefragt haben: Was ist das Gute? Das Böse ist *in diesem Sinne* kein Was. Das Böse ist die Abwesenheit, das Fehlen des Guten. Wenn man wissen möchte, was das Böse ist, dann kann man diese Frage nur mit dem Hinweis auf das Gute beantworten, nämlich als die Abwesenheit oder als Fehlen des Guten. Wäre das Böse selbst eine Entität, ein Seiendes, dann hätte man zwei „Mächte" – das Gute und das Böse –, die gegeneinanderstünden, wie sich dies in antiken Mythen, bei den Manichäern, aber auch in der Mythologie vieler anderer Kulturen findet. Wenn man diese Auffassung jedoch rational untersucht, kommt man zu dem Ergebnis, dass eine solche Auffassung zu erheblichen philosophischen Problemen führt. Bedauerlicherweise ist diese Erkenntnis in der neuzeitlichen Philosophie und Ethik wieder verloren gegangen und die Moderne ist damit gewissermaßen zur antiken Mythologie zurückgekehrt, trotz aller Aufklärung. Während sonst in der modernen Philosophie jede Art des Dualismus zu heftiger Ablehnung führt, scheint ein Dualismus des Guten und des Bösen in der modernen Ethik nicht als Problem erkannt zu werden. In diesem Abschnitt möchte ich deshalb zu einer neuen Aufklärung beitragen und die „Natur" des Bösen und des Übels untersuchen. Ich beziehe mich dabei zum größten Teil auf eine bisher unveröffentlichte Untersuchung von David Oderberg zur Metaphysik des Guten und Bösen (2015).

Ich hatte schon gesagt, dass das Böse die Abwesenheit oder das Fehlen des Guten ist. Thomas von Aquin spricht von „Privation", was man wörtlich vielleicht mit „Beraubung" übersetzen könnte. Einer bösen Handlung fehlt das Gute. Allerdings handelt es sich nicht nur einfach um ein Fehlen als solches, sondern um etwas, das fehlt, aber *sein sollte*. Um es an einem nichtmoralischen Beispiel zu verdeutlichen: Wenn einer Pflanze das Wasser fehlt, geht sie ein. Das Gute für die Pflanze ist Wachstum, ihre Entfaltung. Wenn der Pflanze das Wasser fehlt, dann fehlt ihr die Möglichkeit zum Wachstum und zur Vollendung, die das ausmachen, was für sie das Gute ist. Ähnliches könnte man in Bezug auf den Hunger eines Tieres sagen. Das Wasser oder die Nahrung *sollten sein*, denn sie sind zur Entfaltung und zur Vollendung dieser Lebewesen notwendig. Das Fehlen oder die Abwesenheit bzw. die Privation ist das Schlechte für diese Lebewesen, denn das Gute sollte sein, es ist notwendig zur Vollendung der Lebewesen und diese Vollendung ist das Gute der Lebewesen.

Abwesenheit des Guten ist also die Abwesenheit einer Art von Vollendung bzw. einer Art Erfüllung von etwas, das sein sollte. Diese Abwesenheit ist mit der Privation gemeint, durch die das Böse, oder allgemeiner, das Schlechte definiert wird: Abwesenheit von etwas, das sein sollte, das zur Erfüllung des Wesens bzw. der Natur einer Entität notwendig ist. Oderberg (a. a. O.) hat dies in einer formalen Definition zusammengefasst:

> *(Priv) x hat eine Privation von P*$=_{def.}$ *x fehlt P und, entsprechend einem objektiven Standard S, x sollte P haben (zu seiner Vollendung).*

Der „objektive Standard“, von dem in der Definition die Rede ist, ist die Wesenheit oder Natur des Seienden. Dasjenige, das x, also irgendeine Substanz, haben sollte, ist selbst ein positives Seiendes, wie in unseren Beispielen das Wasser oder die Nahrung. Doch – und dies ist von zentraler Bedeutung – das, was x haben sollte, ist nicht ein aktual Seiendes, sondern etwas Potenzielles. Was der Pflanze fehlt, ist das Wasser als etwas, was die Pflanze zur Erhaltung und Entfaltung ihres Lebens benötigt. Privation ist das Fehlen von etwas, plus einer Notwendigkeit. Wenn nun das, was für die Vollendung des Seienden notwendig ist, abwesend ist, dann handelt es sich um eine Privation des Guten. Einem Stein kann kein Wasser fehlen, denn er braucht kein Wasser. Wenn mir ein Computer fehlt, dann mag dies zwar ein Mangel sein, den ich bedauere, doch ist es keine Privation, da es zu meiner Erfüllung, „entsprechend einem objektiven Standard“, wie es in der Definition heißt, nicht zu meiner Vollendung notwendig ist. Anderenfalls müsste man sagen, dass frühere Generationen, in denen es keine Computer gab, nicht in der Lage gewesen seien, ihr Wesen zu vervollkommnen.

Der Zustand, in dem sich ein Lebewesen befindet, das etwas in diesem Sinne zu seiner Vollendung benötigt, wie das Wasser für die Pflanze oder die Nahrung für das Tier, ist eine Art von positiv Seiendem, allerdings kein aktual Seiendes, sondern ein potenziell Seiendes. Der Zustand des Bedürfens ist ein Zustand in Potenz, der auf etwas gerichtet ist, das die Potenz aktualisiert, wenn es vorhanden ist. Wenn es nicht vorhanden ist, wie das Wasser für die Pflanze oder die Nahrung für das Tier, dann kann diese Potenz, der Zustand, in dem sich das Lebewesen befindet, nicht aktualisiert werden.

Alles, was ich bisher gesagt habe, betrifft das Schlechte, oder besser gesagt, das Übel im Allgemeinen. So wie das moralisch Gute in der natürlichen Ethik nur eine besondere Art des allgemein Guten ist, so ist das moralisch Böse nur eine besondere Form des allgemeinen Übels. Daher gilt auch für das moralisch Böse, dass es eine Privation des moralisch Guten ist. Dem Bösen fehlt das Gute, und zwar in dem Sinne, dass es sein sollte, entsprechend einem allgemeinen Standard, nämlich entsprechend dem Wesen, der Natur des Menschen, zu dessen Erfüllung das Gute notwendig ist. Man kann dies am Beispiel der Lüge demonstrieren. Die Lüge sagt bewusst das Falsche, z. B. um eines vermeintlichen Vorteils für den Lügner willen. Das, was sein sollte, ist die Wahrheit, aber nicht nur ganz allgemein, sondern als Notwendigkeit, weil diese zur Erfüllung dessen, der belogen wird, aber auch zur Erfüllung des Lügners selbst erforderlich ist, denn in letzter Konsequenz schadet der Lügner sich selbst, insofern er gegen seine eigene Vollendung, gegen sein eigenes Gutes handelt. Die menschliche Natur, d. h. die Erkenntnis, strebt nach der Wahrheit. Die Wahrheit ist das Ziel der Vernunft und die Vernunft erfüllt sich in der Erkenntnis der Wahrheit. Bei der Lüge fehlt nicht nur die Wahrheit – dies kann auch dann der Fall sein, wenn die Wahrheit nicht erkannt werden kann –, sondern die Wahrheit ist potenziell vorhanden und derjenige, der belogen wird, sollte die Wahrheit zu seiner Vollendung kennen, doch es wird ihm etwas anderes als die Wahrheit mitgeteilt.

Wir gehen gewöhnlich davon aus, dass das Böse und auch das Übel einen Schaden verursacht. Der Belogene handelt anders, als wenn er die Wahrheit kennen würde. Nun könnte man einwenden, wie denn etwas Fehlendes, etwas Abwesendes eine Ursache sein könne. Was nicht da ist, was nicht existiert, kann auch keine Ursache sein. Folglich kann das Übel oder das Böse nicht die Ursache für etwas anderes, z. B. für einen Schaden sein. Dieser Einwand ist zutreffend. In der Tat kann etwas, was nicht existiert, nicht die Ursache für irgendetwas sein. Aber die Privation ist nicht einfach das Fehlen von etwas, sondern das Fehlen von etwas plus der Notwendigkeit, dieses Fehlende zu haben. Das Fehlen von Wasser als solches ist kein Übel und verursacht auch kein Übel. Man denke an den Stein. Das Fehlen von Wasser plus der Notwendigkeit von Wasser für das Wachstum der Pflanze ist das Übel. Das Fehlen von Bewegung führt dazu, dass die Muskeln atrophieren. Das Fehlen zusammen mit dem Bedürfnis von etwas ist die Ursache, nicht die Abwesenheit oder das Fehlen als solches. Daher ist das Positive in der Privation die Ursache für das Übel, das Positive, das fehlt. Dasselbe gilt auch in Bezug auf das Böse. Die Ursache eines Schadens ist nicht einfach – am Beispiel der Lüge – das Fehlen der Wahrheit, sondern das Fehlen der Wahrheit plus der Notwendigkeit der Wahrheit für die Entfaltung der Natur der Person, in diesem Fall z. B., um richtig handeln zu können.

Trotzdem bleibt scheinbar ein Widerspruch. In der Überschrift zu diesem Abschnitt heißt es: „Das Böse gibt es nicht“. Dies bedeutet doch, dass das Böse nicht wirklich ist. Doch wie ist das zu verstehen? Der Satz „Das Böse gibt es nicht“ oder „Das Böse ist unwirklich“ ist zweideutig. Es kommt nämlich darauf an, was hier mit „gibt es nicht“ bzw. „wirklich“ gemeint ist. Der Begriff „wirklich“ kann einerseits im Unterschied zu „unwirklich“ verstanden werden und andererseits im Unterschied zu „begrifflich“. Der Begriff der Gerechtigkeit ist natürlich nicht „wirklich“ in dem Sinne, wie eine bestimmte Handlung von Susanne wirklich ist. Dennoch ist der Begriff der Gerechtigkeit nicht nichts. So ist es auch beim Bösen. Das Böse ist nicht „unwirklich“ in dem Sinne, dass es gar kein Böses gebe. Das Böse ist im Sinne des Begrifflichen unwirklich.

Doch was ist das Begriffliche? Der Begriff der Gerechtigkeit ist nur im menschlichen Verstand, sagt man. Wenn das Begriffliche aber nur im Verstand ist und nicht in der Realität, dann ist auch das Böse nur im Verstand und nicht wirklich. Dann wären Urteile über das Böse bloß eine subjektive Angelegenheit, wie zahlreiche Ethiker, u. a. David Hume, meinen. In der Wirklichkeit gäbe es dann bestimmte Tatsachen, die auf Grund unseres subjektiven Gefühls als böse bezeichnet würden, die aber nichts anderes als Tatsachen wären, die weder gut noch böse wären. Doch diese Schlussfolgerung ist falsch! Dass etwas begrifflich ist, bedeutet nicht, dass es nur im Verstand ist. Diese Auffassung des Begriffs wird von den Konzeptualisten bzw. Rationalisten vertreten, auf die ich in der „Erkenntnistheorie“ (Band 3 des *Grundkurses,* 85ff.) eingegangen bin. Es handelt sich hier um das Problem der Universalien, also abstrakter Entitäten. Begriffe sind solche abstrakten Entitäten, die durch Abstraktion des menschlichen Verstandes erkannt, aber nicht produziert werden. Universalien sind Entitäten in der extramentalen Welt, sie haben ein *fundamentum in re*, wie es bei Thomas von Aquin heißt, d. h. ein Fundament in der Wirklichkeit. *Als* Universalien, d. h. in einer abstrakten Existenzweise, sind sie tatsächlich nur im Verstand. Die Gerechtigkeit als solche gibt es nicht so in der Welt, wie es zahlreiche gerechte Handlungen in der Welt gibt. Universalien haben zwei verschiedene Existenzweisen. Als reine Universalien, wie Gerechtigkeit, Menschsein oder Zinnoberrot, in ihrer abstrakten Form sind sie nur im Verstand. Doch in der Welt, in der Wirklichkeit gibt es diese Universalien in der Vielzahl. Es gibt das Menschsein von Susanne, von Johannes, von Sokrates, Platon und Thomas von Aquin. Es gibt die gerechten Handlungen dieser verschiedenen Menschen. Ähnlich verhält es sich auch mit der Privation bzw. dem Bösen. Die Grundlage der Privation oder des Bösen ist die Wirklichkeit, bestimmte positive Zustände und Dinge. Wir urteilen, dass z. B. eine bestimmte Handlung böse ist, auf der Grundlage von bestimmten Arten des Wirklichen, auf der Grundlage positiver Entitäten. Und in dieser Weise kann man das Böse als begrifflich bezeichnen. Wie Universalien *als solche* nur Begriffe sind, so ist auch das Böse *als solches* nur ein Begriff. Als Begriff ist das Böse, wie das Universale, eine mentale Entität, eine Entität in unserem Bewusstsein. Doch diese Begriffe schweben nicht im luftleeren Raum des menschlichen Verstandes, sind nicht durch unseren Verstand konstruiert worden, sondern haben ihr Fundament in der Realität, von der die Begriffe abstrahiert werden.

Doch es gibt einen Unterschied des Bösen gegenüber den Universalien: Das Böse *superveniert* über das Gute, wie Oderberg herausgearbeitet hat. Der Begriff der Supervenienz spielt in der Philosophie des Geistes eine zentrale Rolle für bestimmte materialistische Theorien. Das Wort kommt aus dem Lateinischen und bedeutet so viel wie „hinzukommen“ oder „dazukommen“. Das Böse ist abhängig vom Guten und es gibt kein Böses, wenn es kein Gutes gibt. Im *Grundkurs IV* habe ich zu zeigen versucht, dass der Begriff der Supervenienz zur Erklärung des Verhältnisses von Leib und Seele ungeeignet ist. Die Seele superveniert nicht auf das Gehirn. Und das gilt auch, wenn auch in anderer Weise, für Universalien: Während Universalien nicht auf die Dinge und Ereignisse, von denen sie Universalien sind, supervenieren, sondern in diesen *instanziiert* sind, trifft dies für das Verhältnis von Gut und Böse zu. Das Böse *superveniert* auf das Gute und ist deshalb auch vom Guten abhängig. Da die Universalien direkt „in“ den Dingen instanziiert sind, ist das Böse, das nur auf das Gute superveniert, weiter vom Guten entfernt als die Universalien von den Dingen.

Unter Berücksichtigung dieser kurzen Überlegungen zum Verhältnis von Gut und Böse wird jetzt auch die Antwort auf die Frage verständlicher, wie das Böse, da es doch bloß begrifflich ist, kausal wirksam sein kann. Universalien sind insofern kausal wirksam, als sie in den Dingen instanziiert sind, und diese Dinge sind eigentlich das, was kausal wirkt. In diesem Sinne ist das Böse nicht kausal wirksam, weil es nicht „in“ den Dingen instanziiert ist, sondern auf die

Dinge superveniert. Positiv und damit wirksam ist das Seiende – und seine Bedürfnisse – zur Vervollkommnung seiner Natur. Das Böse superveniert nur auf dieses Gute. Die Verursachung geschieht deshalb durch das positive Seiende und auch die Wirkungen ergeben sich nur aus dem positiven Seienden und Guten. Das Böse als solches, das nur begrifflich ist und ansonsten auf das Gute superveniert, ist nicht selbst kausal wirksam.

Weder das Gute noch das Böse (oder das Übel) sind Substanzen. Es sind Qualitäten oder qualitative Bestimmungen von Substanzen, Handlungen oder Ereignissen. Um die kausale Unwirksamkeit des Bösen bzw. des Übels an einem nichtmoralischen Beispiel zu erläutern, beziehe ich mich wieder auf ein Beispiel aus dem schon erwähnten unveröffentlichten Manuskript Oderbergs. Nancy leidet an einer schweren Krankheit, die mich zum Weinen bringt. Ihre Krankheit hat die Eigenschaft eines (natürlichen) Übels. Deshalb kann man sagen, dass ich durch die Qualität des Übels ihrer Krankheit zum Weinen gebracht werde, dass diese Qualität mein Weinen verursacht. Präzise müsste man aber sagen, dass es nicht *ihre Krankheit* ist, die mein Weinen verursacht, sondern *ihr Haben einer Krankheit*. Dieses *Haben* einer Krankheit ist ein positives Seiendes, und insofern die Krankheit eine kausale Rolle in diesem Zusammenhang spielt, trägt sie auch nur als positives Seiendes zur Verursachung meines Weinens bei. Positive Entitäten können aber nicht in sich selbst übel oder böse sein, selbst wenn sie die Eigenschaft des Übels haben. Was mich also zum Weinen bringt, ist, dass sie diese schwere Krankheit *hat*.

Das Böse oder das Übel können also nichts verursachen, wenn das Böse in sich selbst betrachtet wird, als eine Privation. Betrachtet man hingegen das Übel oder das Böse so, dass das Übel auf einen positiven Zustand superveniert, dann kann man sagen, dass das Böse in diesem Sinne etwas bewirkt. Die Privation kann Ursache oder Wirkung sein, sofern sie in sich selbst betrachtet wird als ein negatives Seiendes. Die Privation kann hingegen nicht Ursache oder

Wirkung sein, wenn der positive Zustand, auf den die Privation superveniert, betrachtet wird.

Das war eine etwas schwierige Untersuchung über das Übel und das Böse und es ist in der Tat so, dass diese Phänomene für die Philosophie stets eine große Herausforderung dargestellt haben und darstellen. Niemand will das Böse und dennoch ist das Böse fast allgegenwärtig.

Das oberste Prinzip der Ethik

Gibt es ein oberstes Prinzip der natürlichen Ethik? So etwas wie ein moralisches Gesetz, aus dem sich zumindest prinzipiell alle anderen moralischen Gebote ableiten lassen und das in sich selbst vollkommen gewiss ist? Ein moralisches Gesetz, das nicht bewiesen werden kann, weil es *selbstevident* ist und deshalb auch eines Beweises nicht bedarf, so ähnlich wie das Nichtwiderspruchsprinzip in der Logik und Metaphysik? Nach Thomas von Aquin gibt es ein solches oberstes moralisches Gesetz und es lautet: *Man soll das Gute tun und das Böse unterlassen.* Doch ist dies wirklich ein selbstevidentes Prinzip? Ist es überhaupt ein erstes Prinzip? Man könnte hier doch die Frage stellen, warum man überhaupt das Gute tun soll. Diese Frage steht in der modernen Ethik in der Tat oft an erster Stelle. Und bevor wir diese Frage beantwortet haben, können wir doch nicht ein Prinzip behaupten, das uns sagt, man solle das Gute tun (Edward Feser 2009, 183). Doch ich habe schon am Ende des letzten Absatzes gesagt, dass es in sich selbst gewiss ist, dass wir immer, wenn wir etwas tun, etwas erstreben, das in irgendeiner Weise gut für uns ist oder das wir zumindest für gut halten. Wir vermeiden hingegen etwas Übles oder Böses. Niemand, so behaupte ich hier, will etwas Böses. Dies folgt im Grunde auch aus dem, was ich zuvor über das Böse gesagt habe. Das Böse ist eine Privation, es existiert nicht im eigentlichen Sinne des Wortes, sondern es ist in gewisser Weise nichts. Doch niemand handelt, weil er nichts will. Selbst wenn jemand etwas tut, von dem er weiß, dass es moralisch böse ist, wie z. B. lügen, tut er es, weil er etwas erstrebt, das er für gut hält, d. h. für gut in dem Sinne, dass es wert sei, erstrebt zu werden. Der Lügner lügt, weil er glaubt, dass er dadurch z. B. einer Strafe entgehe, oder weil er glaubt, einen anderen Vorteil zu gewinnen. Natürlich sind diese Sätze nur wahr, wenn man den Begriff des Guten akzeptiert, den ich zuvor entwickelt habe. Im allgemeinsten Sinne ist das Gute das, was erstrebt wird. Im eigentlichen Sinne freilich ist das Gute das, was der Vervollkommnung der Natur dient, und in diesem Sinne ist die Lüge natürlich nicht gut, sondern böse. Aber es wird nicht die Lüge erstrebt, sondern das, was die Lüge als vermeintlich Gutes mit sich bringt oder bewirkt.

Wie jedes natürliche Phänomen hat auch die praktische Vernunft des Menschen ein natürliches Ziel, auf das sie gerichtet ist und auf das die praktische Vernunft alle ihre Tätigkeiten ausrichtet. Dieses Ziel ist das Gute. Das Gute aber besteht, wie gesagt, in der Erfüllung der menschlichen Natur und zuletzt in der Glückseligkeit. Alles, was diesem Ziel dient, ist gut; was dem Ziel entgegensteht, was die Verfolgung dieses Ziels behindert, ist böse oder übel. Das Gute und das Böse sind dabei objektive Gegebenheiten, wie ich zu zeigen versucht habe, und nicht abhängig von persönlichen Vorlieben. Ein menschlicher Verstand, der sich über die Tatsachen und Verhältnisse in seinem Leben weitgehend in Kenntnis gesetzt hat, erkennt, dass es gut für ihn ist, diese Ziele zu erstreben, und dass es ihm schadet, wenn diese Ziele verhindert werden. Daher wird eine rationale Person die Verwirklichung ihrer Ziele erstreben und alles vermeiden, was dieser Verwirklichung im Wege steht. Wohlgemerkt, dies gilt für rationale Personen. Die Rationalität kann freilich eingeschränkt sein, z. B. dadurch, dass der Verstand noch nicht ausgebildet ist, wie beim Säugling und Kleinkind, oder durch vorübergehende oder dauerhafte Krankheiten oder durch Drogen und Alkohol. Doch dies ändert nichts an der grundsätzlichen Tatsache, dass die praktische Vernunft des Menschen ihrer Natur entsprechend auf die Verfolgung dessen gerichtet ist, was der Verstand als gut erkannt hat und was der Verstand dem Willen als erstrebenswert vorstellt. Dass dies nicht immer auch tatsächlich das ist, was gut ist, kann daran liegen, dass die Erkenntnis unvollständig ist oder dass das Erkenntnisvermögen durch die oben genannten Faktoren beeinträchtigt ist, aber auch durch andere selbstverschuldete Faktoren, auf die ich später zurückkomme. Gleichwohl bleibt es grundsätzlich richtig, dass das, was tatsächlich gut ist, in der Realisierung oder Erfüllung der verschiedenen Ziele und Zwecke besteht, die zur menschlichen Natur gehören. Daher ist die Frage des moralischen Skeptikers „Warum soll ich das Gute tun?" zumindest in der natürlichen Ethik sinnlos. Die Antwort auf diese Frage ergibt sich aus dem Gesagten ganz offensichtlich: Ich soll das Gute tun, weil es rational ist, das Gute zu tun, weil es meiner recht verstandenen Selbstverwirklichung dient, der Erfüllung und Vollendung meiner Natur.

Auf diese Weise wird das oberste Prinzip der natürlichen Ethik verständlich. Man soll das Gute tun, weil es der Erfüllung meiner eigenen Natur, weil es meiner Selbstverwirklichung dient, und man soll das Böse meiden, weil es mein Glück verhindert.

Freiheit und Wille

Voraussetzung einer Handlung, im Sinne einer zuvor bezeichneten rationalen Handlung, ist die Freiheit. Erst dadurch, dass jemand eine Handlung frei ausübt, kann ihm diese Handlung zugeschrieben werden und er oder sie kann für diese Handlung verantwortlich gemacht werden. Eine unwillkürliche und auf welche Weise auch immer unfreie Handlung ist im eigentlichen Sinne keine Handlung. Deshalb müssen wir uns fragen, wann eine Handlung frei und willentlich geschieht und wann nicht. Dies bedeutet, den Begriff der Freiheit zu klären, zumindest so weit, wie dies für den Zusammenhang der natürlichen Ethik von Bedeutung ist.

Zunächst könnte man die Frage stellen, ob der Mensch überhaupt frei ist. Die Antwort auf diese Frage ist sehr langwierig und ich erspare sie Ihnen in diesem Buch. Ich gehe davon aus, wie die meisten Menschen mit einem gesunden Menschenverstand, dass wir frei sind. Ohne die Voraussetzung der menschlichen Freiheit ist Ethik nicht möglich. Was dies bedeutet, ist aber eine andere Frage. Zunächst ist mit dem Satz, dass der Mensch in der Lage ist, frei zu handeln, gemeint, dass er wählen kann, was er tun will und was er nicht tun will. Nichtfreie Wesen, wozu die Tiere gehören, sind nicht moralisch tätig und deshalb können einem Tier Tätigkeiten nicht in einem moralisch relevanten Sinne zugerechnet werden. Wir Menschen hingegen können uns zwischen richtig und falsch bzw. gut und böse entscheiden. Man könnte fragen, ob es gut ist, dass der Mensch frei ist, doch ich glaube, dass die Freiheit schlicht eine Tatsache ist, die weder gut noch schlecht ist.

Die natürliche Ethik unterscheidet verschiedene Begriffe von Freiheit. Grundlegend ist dabei die Unterscheidung zwischen der physischen und psychologischen Freiheit auf der einen Seite und der moralischen Freiheit auf der anderen Seite. Ein Mathematiker ist *psychologisch* frei, den Satz des Pythagoras zu bestreiten, aber er ist nicht *mathematisch* frei, dies zu tun (Oderberg [2]2000, 28). Ein Tischler ist psychologisch oder physisch frei, anstelle eines in Auftrag gegebenen Kleiderschranks von 190 cm Höhe einen Kleiderschrank von nur 100 cm Höhe zu bauen, aber er ist nicht *als Schreiner* frei, dies zu tun, denn der Kunde wird ihm den Schrank nicht abnehmen und nicht bezahlen. Susanne ist psychologisch frei, ihre Freundin Katharina zu belügen, aber sie ist nicht moralisch frei, dies zu tun. Bei der moralischen Freiheit handelt es sich um eine Art rationaler Freiheit, wie beim Mathematiker oder beim Tischler. Bei diesen könnte man sagen, dass man moralisch nur frei ist, das zu tun, was richtig ist, wie der Mathematiker als Mathematiker nur frei ist, den Satz des Pythagoras für richtig zu halten, und der Tischler nur frei ist, den bestellten Kleiderschrank genau so zu bauen, wie er in Auftrag gegeben wurde. Die Willensfreiheit hingegen ist eine Art der physischen oder psychologischen Freiheit, die besagt, dass man das Richtige oder das Falsche wählen kann. Diesen Unterschied sollte man stets im Blick haben, wenn man von der menschlichen Freiheit spricht.

Gleichwohl ist auch die psychologische Freiheit, die Willensfreiheit, nicht unbegrenzt. Im Gegenteil: sie wird durch zahlreiche Faktoren eingeschränkt, die auch für die Beurteilung moralischer Verantwortung von Bedeutung sind. So kann die Freiheit durch moralische Unmündigkeit, z. B. infolge von Alter oder seelischer Behinderung bzw. seelischer und körperlicher Krankheit, eingeschränkt sein. Auch in gesellschaftlicher Hinsicht ist die Freiheit des Menschen eingeschränkt durch bestimmte Zwänge des gesellschaftlichen Zusammenlebens (Stichwort: „Schweigespirale“). Wir nehmen bestimmte Rollen in der Gesellschaft ein, die wir nicht einfach ignorieren können und die unsere Handlungsspielräume begrenzen. Hierzu gehören auch Moden, aktuelle Trends und der gesellschaftliche *Mainstream*, die sogenannte „öffentliche Meinung“. Hinzu kommen die Gesetze der staatlichen, der sittlichen und auch religiösen Ordnung, die die Willensfreiheit einschränken (vgl. Kälin 1945, 151f.). Trotzdem ist der Mensch kein Produkt der Gesellschaft. Trotz dieser Einschränkungen der Freiheit wird diese dadurch nicht aufgehoben. Dies zeigt sich immer wieder bei Menschen, die trotz dieser Zwänge und Einschränkungen der Freiheit z. B. die Wahrheit verteidigen und gegen den Strom schwimmen, obwohl ihnen dies schwerwiegende Nachteile bringen kann.

Dass eine Person im Wesentlichen eine frei handelnde Person ist, bedeutet, dass sie für ihre Handlungen verantwortlich ist, d. h., dass man der Person ihre Handlungen zurechnen kann. Eine Person kann für ihre Handlungen schuldig gesprochen oder belobigt werden, und entsprechend kann sie für ihre Handlungen haftbar gemacht und belobigt oder bestraft werden. Die Freiheit beinhaltet also *Verant-*

wortung und Verantwortung setzt zwei wesentliche Elemente voraus: Erkenntnis und Wille. Eine Person ist dann und nur dann für ihre Handlungen verantwortlich, wenn sie wissentlich und willentlich handelt. Wenn eines der beiden Elemente vollständig fehlt, kann es keine Verantwortung geben; wenn eines der beiden Elemente eingeschränkt ist, ist auch die Verantwortung eingeschränkt und damit ist auch die Freiheit der Person eingeschränkt.

Zur Verdeutlichung einige Beispiele: Wenn Sascha seinem Freund von einem Ereignis berichtet, das er selbst von einem Bekannten gehört hat, der ihn aber belogen hat, dann ist Sascha allenfalls bedingt verantwortlich für die Lüge, die er seinem Freund weitergibt. Er hätte die Berichte seines Freundes prüfen können. Wenn er dies nicht konnte und seinem Freund erzählt, dass ein Bekannter ihm dieses Ereignis berichtet hat, kann nicht gesagt werden, dass Sascha seinen Freund angelogen hat.

Wenn Susanne in einem Restaurant einen falschen Mantel mitnimmt, der dem ihren sehr ähnlich ist, dann ist dies kein Diebstahl, sofern sie anschließend, nachdem sie den Fehler bemerkt hat, zum Restaurant zurückgeht und den Mantel abgibt. Tut sie dies aber nicht, z. B. weil der Mantel, den sie mitgenommen hat, ihr noch besser gefällt als ihr eigener, dann ist dies Diebstahl, für den sie verantwortlich ist. Grundsätzlich gilt, dass jemand das nicht will, was er nicht weiß, wie Aristoteles sagt. Da die Erkenntnis bzw. das Wissen dem Wollen vorhergeht, bedeutet Unwissenheit, dass man eine Handlung dem Handelnden nicht voll zurechnen kann. Dies gilt in den meisten Fällen in der Moral, jedoch nicht im Recht. Im Recht muss der Staat voraussetzen, dass die Person die Gesetze kennt. Allerdings wird auch juristisch Unwissenheit oft als mildernder Umstand bei der Beurteilung eines Vergehens berücksichtigt. Hier ist schon ein Unterschied zwischen Recht und Moral erkennbar, der später ausführlicher diskutiert wird. Dass Unwissenheit in einem moralischen Sinne von der Verantwortung dispensiert, gilt aber auch nicht generell, denn es ist eine moralische Pflicht, Wissen zu erwerben.

Grundsätzlich aber gilt, dass für eine verantwortbare Handlung Wissen erforderlich ist und erst dieses Wissen zu einer Willensentscheidung führen kann. Auch im Beispiel der Lüge, die von Sascha an seinen Freund weitergegeben wird, ist Sascha einer Lüge schuldig, wenn er weiß, dass sein Bekannter ihm nicht die Wahrheit gesagt hat, oder zumindest ahnt, dass der Bericht seines Bekannten nicht stimmen konnte.

Auch Drogen und Alkohol können die Verantwortlichkeit herabsetzen, weil unter diesem Einfluss die Person nicht in der Lage ist, eine Situation richtig einzuschätzen, also die Erkenntnis beeinträchtigt ist. Allerdings kann es eine Verantwortung dafür geben, dass die Person Drogen oder Alkohol zu sich genommen hat, insbesondere, wenn vorhersehbar war, dass die Person in eine Situation kommen konnte, bei der dieser Konsum gefährlich werden würde. Wer sich, wie man sagt, Mut antrinkt, um anschließend eine Person zur Rede zu stellen, und dabei die Person körperlich angreift und verletzt, ist moralisch für die Verletzung zwar nur bedingt verantwortlich – durch den bewussten Alkoholkonsum, das „Sich-Mut-Antrinken“, das mit Wissen auch um die Gefahren geschehen ist, aber doch in einem höheren Maße verantwortlich.

Es sollte in diesem Zusammenhang vielleicht noch erwähnt werden, dass nicht jede äußere Handlung auch einen gegenwärtigen Willensakt erfordert. Es gibt so etwas wie Haltungen oder habituelle Intentionen, bzw. Willensakte, die durch langjährige Übung und Wiederholung in das alltägliche Handeln eingeflossen sind und deshalb unser alltägliches Handeln bestimmen, ohne dass wir darüber weiter nachdenken oder jedes Mal einen ausdrücklichen Willensakt setzen. Schon als Kinder lernen wir, dass wir bei der Überquerung einer Straße beide Seiten beobachten sollen – Blick nach rechts, nach links und erneut nach rechts –, bevor wir die Straße überqueren. Wenn ich nun heute eine Straße überquere und diese Intention oder diesen Willensakt seit meiner Kindheit gebildet habe, dann muss ich diesen Willensakt nicht jetzt, in diesem Augenblick, wo ich die Straße überquere, erneut setzen, sondern ich tue dies habituell. Eine solche habituelle Handlung bzw. Intention ist selbstverständlich willentlich, frei und zurechnungsfähig. Sie schränkt die Freiheit keineswegs ein. Die allermeisten unserer alltäglichen Handlungen geschehen auf diese habituelle Weise. Man kann sogar sagen, dass es auch in der Ethik nicht in erster Linie um individuelle freie und willentliche Handlungen geht, sondern um den *Charakter* handelnder Personen. Dies ist das Thema der Tugenden.

Tugenden

Wir alle wissen, dass die häufige Wiederholung einer Tätigkeit uns diese Tätigkeit erleichtert. Darauf beruht jede Art der Ausbildung, sowohl in der Erziehung als auch in der praktischen Berufsausbildung oder im Studium. Man könnte dies als ein Wesensmerkmal der menschlichen Natur bezeichnen. Durch die häufige Wiederholung einer Tätigkeit erwirbt man sich eine dauernde Eigenschaft – die Fähigkeit zum Fahrradfahren oder zum Schwimmen –, die wie eine Disposition ist. Diese Eigenschaft kann man als *Fertigkeit* bezeichnen. Kälin (1945, 78) definiert eine Fertigkeit als eine „dauerhafte Eigenschaft (Disposition), die durch Übung in einer angeborenen Fähigkeit entsteht und dieser die Setzung der Handlung, auf welche sie hingeordnet ist, erleichtert und dazu geneigt macht“. Wenn diese durch Übung und Wiederholung erworbene Fähigkeit rational ist, d. h. mit dem menschlichen Verstand verbunden und auf eine gute Tätigkeit hingeordnet ist, dann kann man von einer *Tugend* sprechen. Die Tugend wird definiert als eine Fertigkeit oder als ein Habitus (eine Haltung), durch die der Mensch rationale Tätigkeiten seiner Natur leicht und gut entfalten kann (ibid.). Eine andere Definition lautet: Die Tugend ist eine wirksame Gewohnheit, die die rationalen

Vermögen vervollkommnet, um entsprechend der Vernunft zu handeln (B. Wuellner 1956, 132). Bei der Tugend geht es also, anders als bei anderen Gewohnheiten oder Haltungen, insbesondere um eine rationale Gewohnheit, d. h. eine Gewohnheit, die den Verstand und den Willen des Menschen betrifft, und zwar in der Weise, dass er durch diese Gewohnheit oder Fertigkeit ohne lange Überlegung und Entscheidung das Gute tut, also das, was der menschlichen Natur als der eines rationalen Sinnenwesens entspricht. Einige Menschen werden gewissermaßen mit solchen Tugenden geboren, die mit ihrem Charakter zusammenhängen. So gibt es Menschen, die von Natur aus geduldig sind und sich kaum aus der Ruhe bringen lassen. Doch die meisten Tugenden sind erworben, und für einen von Natur aus ungeduldigen Menschen ist es sehr schwer, Geduld zu üben und diese Tugend zu erwerben. In der Ethik geht es primär um solche erworbenen Tugenden und dies sind im Bereich der Moral solche Tugenden, die für ein gutes Leben notwendig sind.

In der aristotelisch-thomistischen Philosophie werden die Tugenden in zwei Gruppen eingeteilt: zunächst die Verstandestugenden, die von Aristoteles auch als *dianoetische Tugenden* bezeichnet werden, und zweitens die ethischen oder sittlichen Tugenden. Die Ersteren werden nur in einem uneigentlichen Sinne als Tugenden bezeichnet und spielen für die Ethik keine oder eine allenfalls untergeordnete Rolle. Die Verstandestugenden sind so etwas wie die Bedingungen der Möglichkeit, um richtig zu handeln, sie bewirken allerdings nicht das richtige Handeln, wie dies bei den moralischen Tugenden der Fall ist. Zu diesen Tugenden gehören z. B. die praktischen Kenntnisse des Handwerkers oder Ingenieurs, aber auch die Klugheit, die ebenso zentral für die ethischen Tugenden ist. Aber auch die Wissenschaft gehört zu dieser Gruppe der Tugenden, z. B. die Fähigkeit, aus Prämissen die richtige Schlussfolgerung zu ziehen.

Für die Ethik spielen die wichtigste Rolle die sittlichen Tugenden, die den Menschen zu einem sittlich guten Leben befähigen und ihm das richtige Handeln nicht nur ermöglichen, sondern es auch bewirken. So *kann* ein Mensch, der die Tugend der Höflichkeit besitzt, nicht nur höflich sein, selbst in Stresssituationen, in denen ein Mensch ohne diese Tugend die Beherrschung verliert, sondern er handelt auch *tatsächlich* höflich. Die Tugend bewirkt darüber hinaus, dass deren Besitzerin die Tätigkeit, die aus dieser Tugend folgt, stets im richtigen Maße ausübt. Jede Tätigkeit kann nämlich durch ein Zuviel oder Zuwenig von einem mittleren Maß abweichen. Eine sehr große Höflichkeit gegenüber einem Kunden, der zum ersten Mal zu Besuch in ein Geschäft oder in ein Büro kommt, würden wir als übertrieben empfinden und zu dem Verdacht kommen, dass die so „höfliche" Person etwas anderes beabsichtige. Zudem kann eine Tugend im zuvor definierten Sinne nicht missbraucht werden, denn durch die Tugend kann man nichts Böses tun. Man kann zwar die Höflichkeit missbrauchen, aber nicht die Tugend der Höflichkeit. Jemand kann eine Höflichkeit vorspielen, um seine böse Absicht zu verwirklichen, doch wenn jemand die *Tugend* der Höflichkeit besitzt, dann ist dies nicht denkbar. Auch führt der Besitz der Tugend dazu, dass die Handlung, die sonst oft in bestimmten Situationen beschwerlich ist, leicht und angenehm wird.

Die sittlichen oder moralischen Tugenden, über die wir in der Ethik allein sprechen, werden schon seit der Antike in *Kardinaltugenden* und in *Nebentugenden* eingeteilt. Die Kardinaltugenden heißen so, weil auf ihnen gewissermaßen das gesamte moralische Leben beruht. Der Begriff „Kardinaltugend" ist abgeleitet von dem lateinischen Wort *cardo*, was so viel wie Türangel bedeutet. So wie die Bewegung der Tür auf der Türangel ruht, so beruht analog das moralische Leben auf den Kardinaltugenden. Alle anderen Tugenden, wie z. B. die schon erwähnte Höflichkeit oder Geduld, beruhen auf den Kardinaltugenden und sind mehr oder weniger deutlich aus den Kardinaltugenden ableitbar. Diese Nebentugenden sind den Kardinaltugenden entweder untergeordnet oder unterstützen die Kardinaltugenden (*partes subjectivae* und *partes integrales* in der lateinischen Fachterminologie). Neben den Kardinaltugenden gibt es noch die *verwandten Tugenden*, die deshalb so heißen, weil sie Ähnlichkeit mit Ersteren haben.

Insgesamt werden seit der Antike vier Kardinaltugenden genannt, die sich aus dem Streben des Menschen nach seinem Endziel ergeben und der Erlangung dieses Endziels dienen. Dabei sind drei Tugenden direkt auf das Endziel gerichtet, und die vierte Tugend, nämlich die *Klugheit*, bezieht sich auf die Mittel zur Erreichung des letzten Ziels, der Glückseligkeit. Sicher sind Ihnen die anderen drei Kardinaltugenden auch bekannt, nämlich die *Maßhaltung*, der *Starkmut* und die *Gerechtigkeit*. Der Zusammenhang dieser Haupttugenden mit dem Endziel des Menschen lässt sich kurz folgendermaßen darstellen: Die Maßhaltung ist die Tugend, durch die der Mensch nicht von seinem Ziel abgelenkt wird. Wir lassen uns ja nur sehr selten allein durch rationale Überlegungen zum Handeln bewegen, sondern ebenso stark durch sinnliches Begehren. Damit wir uns auf dem Weg zu unserem Ziel nicht ganz und gar von der Sinnlichkeit und dem Genuss einnehmen lassen, ist die Tugend der Maßhaltung hilfreich. Die Kardinaltugend des Starkmuts verleiht der Besitzerin dieser Tugend die Kraft, dass sie nicht durch Furcht und die verschiedenen Schwierigkeiten von der Verfolgung des Endziels abgehalten wird. Und schließlich die Kardinaltugend der Gerechtigkeit, die den Besitzer dieser Tugend antreibt, jedem das zu geben, was ihm zukommt, was ihm gebührt. Dazu gehört vor allem, dass der Besitzer dieser Tugend dem Nächsten dabei hilft, soweit dies in seiner Macht steht, ebenfalls sein Ziel zu erreichen.

In der neueren Ethik spielen die Tugenden seit einiger Zeit wieder eine größere Rolle als noch vor einigen Jahrzehnten, insbesondere in der Tugendethik (vgl. K.-P. Rippe, P. Schaber 1998). Im Unterschied zur natürlichen Ethik, die auf die klassische Ethik von Aristoteles zurückgeht, werden Tugenden aber in der modernen Ethik meist losgelöst von den Zielen der menschlichen Natur und überhaupt unabhängig von der Natur des Menschen diskutiert. Dies gilt auch für die sogenannte *New Natural Law Theory*, also die Neue Naturrechtsethik. Ich werde später auf beide Theorien, die moderne Tugendethik und die Neue Naturrechtsethik, zurückkommen. Für diese ethischen Theorien und die Bedeutung der Tugenden in diesen Theorien könnte man zugespitzt sagen, dass für die Tugendethik eine tugendhafte Handlung deshalb gut ist, weil sie tugendhaft ist, während eine tugendhafte Handlung für die natürliche Ethik deshalb tugendhaft ist, weil sie gut ist.

Noch ein paar Worte zu den Kardinaltugenden und ihrem Zusammenhang mit den untergeordneten Tugenden. Zum Maßhalten oder zur Mäßigung gehören die Mäßigung beim Genuss von Speisen und Getränken, die Schamhaftigkeit und die Mäßigung bei der Sexualität. Mir ist bewusst, dass man insbesondere mit dem Hinweis auf die Maßhaltung im Sexualleben, die mit dem nahezu aus der Mode gekommenen Wort Keuschheit bezeichnet wird, heutzutage fast vollständig auf Unverständnis stößt. Anstelle einer Forderung nach Maßhaltung in der Sexualität kann man heute eher das Gegenteil hören bzw. lesen, wonach die Keuschheit zu neurotischen und anderen Störungen führen soll. Aber derartige Auffassungen hängen zumeist mit einer hedonistischen Ethik zusammen, die weit verbreitet ist und bei der es in keiner Weise um die Frage einer echten Glückseligkeit geht. Stattdessen steht der Genuss im Hier und Jetzt im Zentrum des Hedonismus. Bei genauerer Betrachtung und besonders vor dem Hintergrund des Endziels des menschlichen Lebens und seiner rationalen Natur ist offensichtlich, dass die ungehemmt ausgelebte Sexualität zu schweren seelischen Störungen, Depressionen, Verzagtheit, Freudlosigkeit und vielem anderen mehr führen kann. Auch die menschliche Sexualität ist auf ein Ziel gerichtet und alles, was mit der Sexualität zusammenhängt, wie die Lust, ist diesem Ziel untergeordnet. Das primäre Ziel der Sexualität ist die Zeugung und Erziehung von Nachkommen und nicht die Lustbefriedigung, die diesem Ziel untergeordnet ist, z. B. dazu dient, um möglichst viele Nachkommen zu zeugen. Leider ist dies heute mit rationalen Argumenten kaum noch verständlich zu machen, was vielleicht gerade eine der Folgen der Unmäßigkeit beim sexuellen Genuss in der Gegenwart ist. Erfreulicherweise gibt es allerdings auch hier erste Anzeichen eines Umdenkens, die aus einer anderen philosophischen Richtung kommen als die natürliche Ethik, nämlich der des sogenannten *biologischen Essentialismus* (vgl. Micah Newman 2015). Für die Verteidigung einer Gegenposition zum Maßhalten in Bezug auf Sexualität gibt es erstaunlicherweise, wie auch Newman betont, keinerlei ernsthafte Argumente. Ich werde später im Kapitel zur angewandten Ethik auf dieses Thema wieder zurückkommen.

Der *Starkmut* ist eine Tugend, die zwischen Vermessenheit und Verzagtheit steht. Sie macht diejenige oder denjenigen, der diese Tugend besitzt, mutig und entschlossen, das Ziel zu erreichen, auch wenn Schwierigkeiten und Hindernisse auftauchen. Zu den untergeordneten Hilfstugenden des Starkmuts gehören die schon erwähnte Geduld, also die Bereitschaft, Schwierigkeiten, Hindernisse und Leiden zu ertragen, die Beharrlichkeit, die Ausdauer und die Großherzigkeit.

Die *Gerechtigkeit* gibt jedem das, was ihm zukommt. Im Unterschied zu den anderen Tugenden ist die Gerechtigkeit auf das Wohl des Anderen gerichtet und hilft ihm letztlich sein Ziel zu erreichen. Die Gerechtigkeit ist auch die umfangreichste Tugend, die in weitere untergeordnete Tugenden eingeteilt wird, wie die *austeilende*, die *ausgleichende* und die *legale* Gerechtigkeit. Eine andere Einteilung ist die in Individualgerechtigkeit, die diese Tugend im Verhältnis einzelner Menschen zueinander betrifft, und die heute besonders viel beschworene soziale Gerechtigkeit, bei der es um den Einzelnen als Glied einer größeren Gemeinschaft geht.

Eine weitere Darstellung der Tugenden übergehe ich hier, zumal diese in der natürlichen Ethik nicht im Mittelpunkt stehen, sondern nur ein Mittel sind, wenn auch ein wichtiges, zur Erreichung der menschlichen Glückseligkeit.

Handlungen und Unterlassungen

Die Unterscheidung zwischen Handeln und Unterlassen gehört in der modernen Ethik zu den besonders umstrittenen Themen. Vor allem der Konsequentialismus, auf den ich später ausführlicher eingehen werde, bestreitet, dass es eine solche Unterscheidung gibt (vgl. Dieter Birnbacher [3]2013, 239). Genauer gesagt bestreiten die Konsequentialisten nicht, dass es diesen Unterschied gibt, was ja ganz offensichtlich ist, sondern sie bestreiten, dass es einen *intrinsischen* Unterschied zwischen Handlung und Unterlassung gibt. Wenn es einen Unterschied zwischen beidem gibt, dann besteht dieser nicht darin, dass X eine Handlung war und Y eine Unterlassung. Jeder Unterschied, den es zwischen den beiden Arten gibt, besteht in dem Ergebnis bzw. in den Konsequenzen einer Handlung oder einer Unterlassung. Diese haben *in sich selbst* keinen Unterschied.

Schauen wir uns zunächst einige Beispiele an, um das Phänomen besser in den Blick zu bekommen. Grundsätzlich bedeutet jede Handlung, dass ich etwas anderes nicht tue. Wenn ich jetzt hier sitze und schreibe, dann gehe ich nicht einkaufen, obwohl es vielleicht nötig wäre, für das Abendessen und den morgigen Tag zu sorgen. Wenn ich etwas tue, unterlasse ich gleichzeitig etwas anderes. Dies muss noch nicht moralisch signifikant sein. Wenn ich aber meiner Frau versprochen habe, einkaufen zu gehen, und ich dies unterlasse und stattdessen an diesem Buch weiterschreibe, dann handelt es sich um eine moralisch relevante Unterlassung, da ich mein Versprechen nicht halte. Ebenso wie man nicht immer klar und deutlich sagen kann, ob eine Handlung gut oder falsch ist, kann man auch nicht immer sagen, ob eine Unterlassung gut oder falsch ist. Es könnte z. B. sein, dass ich jetzt gerade besonders gut im Schreibfluss bin und dass dies später nicht der Fall kein könnte. Wenn ich einkaufen gehe, wird dieser Fluss des Schreibens unterbrochen und ich brauche unter Umständen wieder Stunden, um in den Gedanken hineinzukommen. Wenn ich nicht einkaufen gehe, könnten wir morgen zum Mittagessen auch ins Restaurant gehen. Dies wäre ein, wenn auch simples, Beispiel für eine nicht deutliche Unterscheidung, ob eine Handlung bzw. Unterlassung gut oder schlecht ist. Ist es gut oder schlecht, wenn ich einem Bettler an der Straße vor dem Einkaufszentrum Geld gebe oder es unterlasse? Ist es falsch, überhaupt kein Geld für wohltätige Zwecke zu geben? Oder ist es falsch, wenn ich den Bericht von einer Naturkatastrophe in Asien höre und dem Spendenaufruf im Fernsehen nicht folge? Zumindest unmittelbar kann man diese Fälle nicht entscheiden.

Für den Konsequentialisten sind diese Fälle jedoch klar. Dies ergibt sich für ihn aus den Folgen der Unterlassungen. Wenn ich nicht einkaufen gehe und stattdessen an meinem Buch weiterschreibe, selbst wenn ich dadurch das Versprechen breche, ist dieser Bruch des Versprechens genau dann gerechtfertigt, wenn die Konsequenzen des Schreibens im Ganzen gesehen besser sind als die Folgen der Einhaltung des Versprechens. Wenn ich dem Bettler auf der Straße kein Geld gebe, könnte es sein, dass dieser am Abend einen Einbruch begeht und dabei größere Zerstörung anrichtet und die Eigentümerin verletzt. Daher muss ich ihm Geld geben. Wenn ich von der Naturkatastrophe in Asien höre und nicht Geld für die Menschen spende, bin ich mitverantwortlich für das Verhungern von Menschen oder den Tod von Menschen durch Infektionen wie die Cholera. Der Konsequentialismus geht sogar noch einen Schritt weiter. Er behauptet, dass es keinen intrinsischen Unterschied macht, ob ich die Menschen verhungern lasse oder ihnen ein Paket mit vergifteten Nahrungsmitteln schicke (das Beispiel stammt von Philippa Foot, die eine nichtkonsequentialistische Ethik verteidigt; vgl. D. Oderberg 2005, 129f.).

Natürlich sind solche Überlegungen stark kontraintuitiv, doch ist dies nur ein schwacher Einwand gegen die Nichtunterscheidung zwischen Handeln und Unterlassen. Grundsätzlich behauptet der Konsequentialismus, dass bei denselben Konsequenzen, die eine Handlung und eine Unterlassung hat, beide nicht verschieden seien.

Dieser Unterschied spielt aber eine entscheidende Rolle in der Euthanasiedebatte. Nach konsequentialistischer Auffassung gibt es keinen intrinsischen moralischen Unterschied zwischen der Einstellung eingreifender medizinischer Maßnahmen zur Lebensverlängerung bei einem sterbenden Patienten und der Tötung dieses Patienten. Da diese Auffassung auch in der Politik zunehmend akzeptiert wird, hat dies in verschiedenen Ländern dazu geführt, dass eine sogenannte aktive Sterbehilfe gesetzlich zugelassen wurde. Sie sehen, welch weitreichende Folgen diese Unterscheidung haben kann. Deshalb will ich versuchen, die Unterscheidung zwischen Handeln und Unterlassen verständlich zu machen, zumal auch bei Verteidigern dieser Unterscheidung nicht immer Klarheit darüber herrscht, was wesentlich und was nur akzidentell für diesen Unterschied von Bedeutung ist (Oderberg 2005, 128ff.).

Zunächst bedeutet „Unterlassung" nicht, dass es etwas ganz Besonderes bedeutet, nichts zu tun. Ob ich etwas tue, während ich etwas anderes unterlasse, oder ob ich nichts tue und bloß herumsitze, während ich z. B. helfen sollte, macht keinen Unterschied. An meinem Beispiel demonstriert: Wenn ich ein Versprechen gegeben habe und stattdessen etwas anderes tue oder gar nichts tue, macht dies keinen Unterschied in Bezug auf das Brechen des Versprechens. Zudem bestreiten die Ethiker, die die Unterscheidung von Handeln und Unterlassen verteidigen, nicht, dass eine Unterlassung ebenso Schaden verursachen kann wie eine Handlung. Wer ein Kind in einem Fluss ertrinken sieht und trotz der Fähigkeit, das Kind zu retten, dies unterlässt und mit anderen dem ertrinkenden Kind zuschaut, vielleicht in der Hoffnung, dass sich schon jemand finden werde, der das Kind rettet, ist schuld an den Folgen. Die Unterlassung verursacht hier unter Umständen den Tod des Kindes. Ein weiterer Punkt, der oft nicht klar herausgestellt wird, besteht darin, dass Unterlassen durchaus ein Handeln beinhalten kann. Jede Unterlassung ist immer mit einer Handlung verbunden, und sei es die Handlung, herumzusitzen anstatt einkaufen zu gehen und damit das Versprechen einzulösen, das ich meiner Frau gegeben habe. Eine Unterlassung ist insofern immer mit einer Handlung verbunden, doch diese Handlung ist in Bezug auf das, was *gesollt* ist, eine Unterlassung. Gleichwohl kann die Unterlassung zumindest begrifflich klar von einer Handlung unterschieden werden. Zuletzt sei noch erwähnt, dass die Unterlassung den Fehler beinhaltet, der sich darauf bezieht, eine bereits bestehende Situation zu verändern, dass diese Situation aber nicht von dem, der dies unterlässt, herbeigeführt worden sein muss: Wenn der Gaffer das Kind ertrinken sieht, ohne einzugreifen und in den Fluss zu springen, um das Kind vor dem Ertrinken zu retten, dann ist der Gaffer schuldig für diese Unterlassung, auch wenn er nichts dazu beigetragen hat, dass das Kind ins Wasser gefallen ist. Doch auch dann, wenn der Gaffer zuvor selbst das Kind ins Wasser gestoßen hat, um ihm beim Ertrinken zuzusehen, ist er sowohl daran schuld, dass das Kind sich in dieser Situation des Ertrinkens befindet, als auch daran, dass er es unterlässt, das Kind zumindest jetzt zu retten.

Doch worin besteht nun der wesentliche Unterschied zwischen Handeln und Unterlassen? Für einen Konsequentialisten ist, wie gesagt, allein die Konsequenz, d. h. das Ergebnis entscheidend, und wenn eine Unterlassung dasselbe Ergebnis verursacht wie eine Handlung, dann haben Handlung und Unterlassung den gleichen moralischen Wert. Ob jemand das Kind in den Fluss wirft und das Kind ertrinkt, oder ob ein anderer das Kind ertrinken lässt, hat nach Auffassung des Konsequentialisten beides die gleiche moralische Wertung und müsste entsprechend in beiden Fällen als Mord verurteilt werden. Für die natürliche Ethik allerdings spielt nicht nur das Ergebnis bzw. die Konsequenz eine Rolle in der moralischen Bewertung, und dies entspricht auch dem, was der gesunde Menschenverstand denkt. Unser moralisches Empfinden weist darauf hin, dass es tatsächlich einen intrinsischen Unterschied zwischen Handeln und Unterlassen gibt. Der Unterschied hängt zusammen mit dem Begriff der Pflicht, den wir später eingehender thematisieren werden und hier nur andeuten.

Man unterscheidet bei den Pflichten *positive von negativen Pflichten*. Eine positive Pflicht besteht darin, etwas zu tun. Eine negative Pflicht besteht darin, etwas nicht zu tun, etwas zu unterlassen. Es gibt die negative Verpflichtung für Matthias, Susanne nicht zu belügen. Es gibt aber nicht die Pflicht für Matthias, dafür zu sorgen, dass Franz Susanne nicht belügt. Ein anderer Fall einer negativen Pflicht besteht darin, dass ich eine bestimmte Person *p* nicht verleumden darf. Ich bin aber nicht positiv verpflichtet, allen Leuten Gutes über *p* zu erzählen. Insofern gibt es eine Asymmetrie zwischen negativen und positiven Pflichten. Worin besteht diese Asymmetrie und wie hängt sie mit der Unterscheidung von Handeln und Unterlassen zusammen?

Es gibt positive Pflichten, die überall und unter allen Umständen bestehen. Dazu gehört z. B. die Pflicht, stets höflich oder geduldig zu sein, oder allgemeiner gesagt, stets tugendhaft zu sein. Doch gilt diese positive Verpflichtung nicht in gleicher Weise bei allen Menschen. Der Respekt, den ich meinen Eltern schulde, ist anders als der Respekt, den ich der Verkäuferin im Supermarkt schulde. Es gibt verschiedene Arten, respektvoll zu sein, die von den beteiligten Personen und den Situationen abhängen, in denen ich diese Verpflichtung habe. Dies ist nun bei den negativen Pflichten anders. Negative Pflichten gelten überall, immer und für jeden. Dazu gehören die Pflichten, nicht zu lügen, nicht zu stehlen, nicht zu betrügen und nicht zu töten usw. Diese Pflichten sind nicht von den Umständen und Situationen abhängig, ebenso wenig wie von den beteiligten Personen. Sie gelten immer und allgemein. Diese Asymmetrie zwischen positiven und negativen Pflichten hat ihren Grund im Wesen der menschlichen Handlung. Dies wird in einem Prinzip der natürlichen Ethik zum Ausdruck gebracht, das lautet: *Jedes Sollen beinhaltet ein Können!* Jemand kann nur zu etwas verpflichtet sein, wozu er in der Lage ist. Ein Nichtschwimmer, der ein Kind ertrinken sieht, ist nicht in der Lage, in den Fluss zu springen, um das Kind zu retten, was ihn freilich nicht von jeder Hilfeleistung entbindet (er kann die

Feuerwehr rufen oder andere Personen in der Umgebung aufmerksam machen). Es gibt keine Verpflichtung, wenn es nicht zugleich die Fähigkeit oder das Vermögen gibt, diese Verpflichtung zu erfüllen. Daher ist es weitaus einfacher, negative Pflichten zu erfüllen, als positive Pflichten. Negative Pflichten sind so, dass sie kein besonderes Können erfordern. Von positiven Pflichten gilt, dass sie nur dann Pflichten sind, wenn man das Gesollte kann. Nicht zu lügen, nicht zu stehlen etc. kann von jedem normalen Menschen erfüllt werden. Die negativen Pflichten sind nämlich so, dass sie von einer Person fordern, etwas *nicht* zu tun, etwas zu *unterlassen*, während die positiven Pflichten etwas fordern, wozu eine Handlung erforderlich ist. Handlungen setzen ein Können voraus; etwas nicht zu tun, erfordert kein Können. Das bedeutet natürlich nicht, dass negative Pflichten immer leicht zu erfüllen wären. Wenn ich von jemandem provoziert werde, ist es nicht immer leicht, nichts zu tun. Dennoch besteht hier ein deutlicher Unterschied zu einer positiven Pflicht, z. B. einen Ertrinkenden zu retten.

Hier wird nun deutlich, worauf der Unterschied von Handeln und Unterlassen beruht. Dieser Unterschied geht zurück auf den Unterschied zwischen positiven und negativen Pflichten. Einen solchen Unterschied macht der Konsequentialismus nicht. Er kennt praktisch nur positive Pflichten und fordert von den meisten Menschen mehr, als sie zu leisten in der Lage sind. Da das zentrale Prinzip des Konsequentialismus, unabhängig von den verschiedenen Formen dieser ethischen Theorie, darin besteht, einen Wert X zu maximieren (worin dieses X, also der Wert, besteht, unterscheidet die verschiedenen Arten des Konsequentialismus), scheitern zahlreiche Menschen an den grundlegenden Pflichten, die ihnen vom Konsequentialismus zugesprochen werden, wenn sie X nicht in allen Situationen und Umständen maximieren. Durch diese ständige Überforderung durch das Maximierungsprinzip kann es schließlich dazu kommen, dass die Menschen an der Moral verzweifeln, wodurch diese ethische Theorie sich selbst zerstört. Dabei habe ich noch nicht einmal gesagt, dass der Konsequentialismus beinhaltet, dass man die Rechte anderer verletzen darf, wenn dies zur Maximierung eines Wertes X beiträgt. Dies kann im Extremfall bedeuten, dass man einen unschuldigen Menschen töten darf, wenn dadurch fünf andere Menschen gerettet werden können (Handbuch Ethik 2002, 126).

Kommen wir zurück auf die Unterscheidung von Handeln und Unterlassen. Die natürliche Ethik verteidigt diese Unterscheidung, und zwar in dem Sinne, dass es einen *intrinsischen* Unterschied zwischen Handeln und Unterlassen gibt. Eine Unterlassung ist dann moralisch schlecht, wenn es eine Verpflichtung zum Handeln gibt. Wo es diese Verpflichtung nicht gibt, ist eine Unterlassung moralisch neutral. Zusätzlich muss die Person, die zum Handeln verpflichtet ist, auch in der Lage sein zu handeln, das heißt, sie muss die Verpflichtung erfüllen können. Wenn dies nicht der Fall ist, dann ist eine Unterlassung gerechtfertigt, was nicht notwendigerweise von jeder Handlung entbindet. (Beim Beispiel mit dem Ertrinkenden heißt das: der Retter muss schwimmen können, um den Ertrinkenden retten zu können. Ansonsten muss er Hilfe holen.) Ohne die Unterscheidung zwischen Handlung und Unterlassung sind zahlreiche Probleme der Ethik nicht lösbar. Dies wird z. B. deutlich in der heutigen Debatte über die Sterbehilfe. Die Unterscheidung zwischen aktiver und passiver Sterbehilfe (die Begriffe sind nicht ganz zutreffend) beruht auf der Unterscheidung von Handeln und Unterlassen. Einen schwerstkranken Menschen aktiv durch einen Medikamentencocktail zu töten, ist intrinsisch etwas anderes, als weitere Maßnahmen zur Lebensverlängerung einzustellen. Bei Letzterem handelt es sich um eine Unterlassung. Es gibt keine Verpflichtung, einem Sterbenden das Leben zu verlängern, wenn klar ist, dass er in absehbarer Zeit stirbt. Es kann durchaus geboten sein, das Leiden dieses Menschen zu lindern, wobei als Nebeneffekt der Tod früher eintreten kann (z. B. durch die Gabe von Morphiumpräparaten), aber es gibt niemals eine Pflicht, zu töten. Die Rede von einem „Nebeneffekt" verweist wieder auf ein anderes ethisches Problem, nämlich das des sogenannten *Doppeleffekts*. Eine Handlung kann eine Hauptwirkung haben, die beabsichtigt ist, und sie kann einen Nebeneffekt haben, der nicht beabsichtigt ist. Bei einer längerfristigen Verabreichung von Morphium an einen Schwerstkranken, der an unerträglichen Schmerzen leidet, ist die Absicht des Arztes, dieses Leiden zu mindern. Zugleich weiß der Arzt, dass die Verabreichung von Morphium dazu führt, dass das Leben des Patienten verkürzt wird. Sofern die Absicht die Linderung von Leiden ist, ist die Lebensverkürzung nicht intendiert und deshalb hinnehmbar. Hierbei gibt es zahlreiche weitere Probleme, die in den Bereich der angewandten Ethik gehören und die ich deshalb hier nicht weiter diskutieren kann (dazu später mehr und auch Oderberg 2005, 88ff.).

Rechte und Pflichten

In unserer Zeit ist viel die Rede von Rechten. Insbesondere die „Menschenrechte" spielen in der Öffentlichkeit, in der politischen Auseinandersetzung und auch in internationalen Angelegenheiten eine außerordentlich wichtige Rolle. Aber auch wir nehmen für uns in Anspruch, Rechte zu besitzen. Doch was ist ein Recht? Warum besitzen wir Rechte? Besitzen wir diese deshalb, weil die Gesetze des Staates uns diese Rechte zusprechen? Sicher gilt dies für eine ganze Reihe von Rechten. Wären aber alle Rechte nur dadurch Rechte, dass der Staat diese verleiht, dann könnte man durch andere Gesetze diese Rechte einschränken oder wieder annullieren. Bei den Menschenrechten spricht man von „angeborenen Rechten", doch wie können uns Rechte angeboren sein? Unsere Hautfarbe ist uns angeboren und ebenso die Farbe der Augen und viele andere von den Genen bestimmte Eigenschaften. Aber in den Genen gibt es keine solchen für Rechte. Wie kann es also angeborene Rechte geben? Auf die Menschenrechte komme ich im nächsten Abschnitt zumindest noch kurz zurück. Hier möchte ich klären, was ein Recht ist. Mit dem Begriff des Rechts ist der Begriff der Pflicht eng verbunden, was leider oft vergessen wird. Wir werden sehen, dass es echte Rechte, *natürliche* Rechte nur dort gibt, wo es eine Pflicht gibt. Dabei ist hier nur von den natürlichen moralischen Rechten die Rede. Selbstverständlich gibt es zahlreiche Rechte, die durch Gesetze dem Menschen eines Landes zugesprochen werden, die aber nicht zu den natürlichen Rechten gehören, sondern darüber hinausgehen. Die natürlichen Rechte können aber nicht dadurch gegeben sein, dass sie durch einen staatlichen Gesetzgeber verliehen werden. Es sind fundamentale moralische Rechte, die mit dem zusammenhängen, was ich schon bisher gesagt habe, die also mit der Natur des Menschen zusammenhängen, oder besser gesagt, die sich aus der Natur des Menschen ergeben. Dies bedeutet ganz allgemein, dass der Mensch all die Rechte von Natur aus besitzt, die dazu notwendig sind, die Ziele zu verfolgen, die sich aus der Natur des Menschen unter Leitung der praktischen Vernunft ergeben und die der Vervollkommnung der menschlichen Natur dienen. Man kann auch sagen, dass der Mensch ein Recht hat, sein Glück zu erstreben.

Der allgemeine Begriff des Rechts ist sehr umfangreich und gehört in den Bereich der Rechtsphilosophie. Ich möchte mich hier nur mit Rechten und Pflichten beschäftigen, sofern sie den Bereich der Moral betreffen. Zudem gibt es eine große Verwirrung über den Rechtsbegriff, die besonders durch die verschiedenen Menschenrechtserklärungen entstanden ist, wie die Erklärungen der Französischen Revolution oder der amerikanischen Unabhängigkeitserklärung sowie der allgemeinen UN-Menschenrechtserklärung. Diese Erklärungen können den Anschein erwecken, als seien die Rechte abhängig davon, dass sie von jemandem oder von einer Institution erklärt werden. Doch dies ist nach Auffassung der natürlichen Ethik nicht der Fall. Rechte in einem echten und ursprünglichen Sinn sind objektiv und nicht abhängig davon, ob sie von einem Staat oder einer überstaatlichen Institution zu Rechten erklärt werden. Dies schließt natürlich nicht aus, dass eine Institution Rechte in einer Erklärung festhalten kann, doch sind dann diese Rechte nicht deshalb Rechte, weil sie zu solchen erklärt wurden. Auch sind moralische Rechte nicht identisch mit staatlichen Gesetzen. So habe ich die moralische Pflicht, jedem Menschen höflich zu begegnen, und umgekehrt das moralische Recht, auch höflich behandelt zu werden, aber dies kann unmöglich in einem staatlichen Gesetz festgeschrieben werden.

Wenn der Ursprung des Rechts aber nicht die staatliche oder eine sonstige Gesetzgebung ist und auch kein Vertrag, wie die Vertragstheorie (Locke, Hobbes oder Rousseau) behauptet, woher kommt dann das Recht? Nach Auffassung der natürlichen Ethik hat das Recht seinen Ursprung in der Natur des Menschen und seinen Zielen. Aus den fundamentalen und daher notwendigen Zielen und Zwecken des Menschen ergeben sich die grundlegenden Pflichten und Rechte des Menschen. So ist die allererste Pflicht des Menschen, sein Leben zu bewahren, woraus das Recht folgt, von niemandem angegriffen, verletzt oder getötet werden. Dies ist das Recht auf Leben. Dazu gehört auch die Pflicht der Eltern, ihre Kinder zu pflegen, sie zu ernähren, zu erziehen und zu unterrichten. Aus dieser Pflicht folgt das Recht der Eltern auf Erziehung ihrer Kinder, ein Recht, das den Eltern von niemandem abgenommen werden darf. Selbstverständlich kann die Gemeinschaft (Gemeinde, Staat etc.) die Eltern bei dieser Aufgabe unterstützen und Angebote machen, die den Eltern helfen, die Pflicht zu erfüllen. Solche Angebote sind Kindergärten und Schulen, die aber immer Angebote bleiben müssen und nicht mit einem Zwang verbunden werden dürfen, der das Recht der Eltern übergeht.

Ein moralisches Recht ist ein Vermögen oder eine Fähigkeit bzw. eine Potenz, etwas zu haben, zu besitzen oder zu tun. Natürlich ist diese Potenz zu etwas nicht willkürlich, sondern sie gründet in einem *Gesetz*. Es gibt Naturgesetze, die sich aus der Natur physischer Entitäten ergeben und die Gesetzmäßigkeiten dieser Entitäten beschreiben. So gibt es auch Gesetze der menschlichen Natur, des rationalen Sinnenwesens, die sich eben aus dieser Natur des Menschen ergeben und deren Verletzung die gleichen Folgen hat wie ein Verstoß gegen die Naturgesetze. Es gibt allerdings einen wesentlichen Unterschied: die nicht-menschlichen Entitäten können nicht gegen die Naturgesetze verstoßen. Der Mensch hingegen kann dagegen verstoßen, weil er ein freies Wesen ist. Doch ein solcher Verstoß hat oft weitreichende Folgen, auch wenn diese oft nicht bewusst sind. Doch welche Gesetze sind dies, die aus der Natur des Menschen folgen? Das oberste Gesetz haben wir schon kennengelernt: Man soll das Gute tun und das Böse meiden. Was das Gute und das Böse ist, haben wir zuvor kennengelernt. Das Gute ist das, was der Erfüllung, der Vervollkommnung der menschlichen Natur dient. Die oberste Pflicht des Menschen besteht darin, seine Natur zu vervollkommnen, d. h. das wahrhaft Gute zu verfolgen. Daraus ergibt sich aber auch das Recht, dies zu tun, und jeder Versuch einer anderen Person, dieses Recht in Frage zu stellen, ist moralisch verwerflich.

Die Pflichten und Rechte ergeben sich, wie schon gesagt wurde, aus der Natur des Menschen und aus den Zielen und Zwecken. Das höchste Ziel des Menschen ist die Glückseligkeit, die in der Erkenntnis bzw. im Besitz Gottes besteht. Um dieses Ziel zu erreichen, muss der Mensch bestimmte Mittel haben. Auf diese Mittel, die ihm zur Selbstverwirklichung dienen, d. h. zur Vervollkommnung seiner Natur und zur Glückseligkeit, hat der Mensch ein Recht, aber er hat auch die Pflicht, andere Menschen nicht daran zu hindern, ihr Ziel zu erreichen, oder, wo dies möglich ist, den anderen bei der Verfolgung ihrer Ziele behilflich zu sein. Daraus ergeben sich drei Arten von Rechten und Pflichten des Menschen, nämlich solche in Bezug auf sich selbst, Rechte und Pflichten in Bezug auf die Mitmenschen und Rechte und Pflichten in Bezug auf Gott. Als Geschöpf ist der Mensch Gott verpflichtet und daher kann man nicht sagen, dass wir Gott gegenüber Rechte besitzen. Wir sind von Gott erschaffen und werden von ihm in der Existenz erhalten, und daraus ergeben sich für uns die Pflichten gegenüber Gott, die in der Gottesverehrung bestehen, wozu auch die Bemühungen um die Erkenntnis des wahren Gottes gehören.

Gegenüber uns selbst haben wir die Pflicht der Selbsterhaltung, was die negative Pflicht beinhaltet, alles zu vermeiden, was das Leben beeinträchtigt, insbesondere natürlich den Suizid. Weiter gehört zu diesen Pflichten gegenüber uns selbst die Pflicht, die Gesundheit zu erhalten und schädliche Einflüsse, soweit dies möglich ist, zu vermeiden. Aus dieser Pflicht ergibt sich wiederum das Recht auf Leben, das ich bereits zuvor genannt habe. Überhaupt gilt für alle Rechte und Pflichten in der natürlichen Ethik, dass sich Rechte aus Pflichten ergeben. Auch die Pflicht, sein Leben so zu gebrauchen, dass alle Vermögen, Kräfte, Fähigkeiten und Talente entfaltet werden können, folgt aus der Pflicht zur Selbsterhaltung und damit zugleich das Recht, diese Vermögen, Fähigkeiten und Talente zu entfalten. Insbesondere gibt es die Pflicht, die rationalen, intellektuellen und volatilen Vermögen zu entfalten, die den Menschen als Menschen im Wesentlichen auszeichnen. Dies geschieht vor allem durch die Aneignung von Erkenntnissen und Bildung und durch die Übung der Tugenden.

Der Mensch hat auch ein Recht auf den Besitz materieller Güter und die Pflicht, die ihm zur Verfügung stehenden materiellen Güter zu pflegen. Hierauf beruht das Recht auf Eigentum, und auch im Grundgesetz heißt es, dass Eigentum verpflichtet, was allerdings von einigen Menschen, aber auch von der Gesetzgebung, kaum noch ernst genommen wird. Es gibt zahlreiche weitere Pflichten und Rechte, die mit der Pflicht gegenüber sich selbst zusammenhängen, wie z. B. das Recht auf einen guten Ruf, das Recht auf Arbeit und auf einen Beruf sowie auf materielle Güter, die notwendig sind, damit ich mein Ziel erreichen kann.

Dann gibt es Pflichten und Rechte in Bezug auf die Mitmenschen. Hier ist die Grundpflicht die Gerechtigkeit (Kälin 1945, 140ff.). Die Gerechtigkeit besteht darin, jedem das zu geben, was ihm zusteht, oder mit anderen Worten gesagt, jedem das zu geben, was zu seiner eigenen Erfüllung, zur Erreichung seines Zieles notwendig ist. Da es sich dabei um eine positive Pflicht handelt, gilt diese nur insofern, als sie ein Können voraussetzt. Ich muss dem Nächsten zu seinem eigenen Glück insoweit helfen, als dies (a) in meiner Macht steht und (b) ich ihm gegenüber verpflichtet bin. Für diese Verpflichtung spielt vor allem die persönliche Nähe die entscheidende Rolle, die zu den Grundprinzipien der natürlichen Ethik gehört und vom Konsequentialismus bestritten wird. In erster Linie bin ich in diesem Sinne verantwortlich für meine Familie und die Verwandten, dann für meine Nachbarn (in einem weiten Sinne), für die Kollegen und Kolleginnen und so weiter. Je ferner mir Menschen stehen, desto geringer ist die Verantwortung gegenüber diesen Menschen und die Verpflichtung ihnen gegenüber. In einem allgemeinen Sinne kann man allerdings auch sagen, dass es eine Verantwortung oder Solidarität mit allen Menschen gibt, insofern sie Menschen sind. Um ein aktuelles Beispiel zu nehmen: Gegenüber einem Flüchtling, der in meinem Ort wohnt und hilfsbedürftig ist, habe ich die positive Pflicht, ihm zu helfen. Als positive Pflicht hängt dies natürlich von meinem Können ab, aber insofern ich zeitlich oder finanziell oder in anderer Weise zu dieser Hilfe in der Lage bin, habe ich die Verpflichtung zu helfen. Auf jeden Fall habe ich aber die negative Pflicht, nichts zu unternehmen, was für den Flüchtling schädlich sein könnte. Dabei weise ich darauf hin, dass dies eine Verpflichtung ist im Rahmen der hier allein zur Debatte stehenden Individualethik. Die Frage der Aufnahme von Flüchtlingen aus der arabischen Welt, aus Afrika oder Asien ist davon nicht betroffen. Für die Sozialethik gelten andere Grundsätze und Verpflichtungen. Leider wird dieser Unterschied in der gesamten, zum Teil heftig geführten Auseinandersetzung um die Aufnahme von Flüchtlingen kaum beachtet. Das oberste Gut der Gemeinschaft, z. B. eines Staates, ist das *Gemeinwohl*. Daher lautet die Frage in Bezug auf die Aufnahme von Flüchtlingen oder Einwanderern: Ist es dem Gemeinwohl zuträglich, Flüchtlinge aufzunehmen? Sofern diese Menschen sich in einer ernsten Gefahr befinden, ist der Staat verpflichtet, diese Flüchtlinge aufzunehmen, sofern durch die Anzahl der Flüchtlinge das Gemeinwohl nicht gefährdet wird. Darauf folgt dann die Frage, ob diese Flüchtlinge auch dann noch bleiben können, wenn die Gefahr beseitigt ist, die sie zur Flucht bewogen hat. Auch diese Entscheidung, ebenso wie die Frage der Einwanderung, darf allein auf der Grundlage des Gemeinwohls beantwortet werden. Weder bei den Befürwortern der Einwanderung noch bei den Gegnern wird, soweit ich sehe, diese Frage auch nur gestellt, geschweige denn objektiv und ohne ideologische Scheuklappen beantwortet.

Doch kehren wir zu unserem eigentlichen Thema zurück, der Frage nach den Pflichten und Rechten gegenüber dem Nächsten. Diese Pflichten ergeben sich aus der Gerechtigkeit, hatte ich gesagt. Dazu gehört z. B. die schon mehrfach erwähnte Höflichkeit gegenüber dem Nächsten, aber auch die Hilfe gegenüber dem Nächsten, damit dieser die Wahrheit erkennt, die zur Vervollkommnung seiner Natur von erheblicher Bedeutung ist. Zu den negativen Pflichten gegenüber dem Mitmenschen gehört zum Beispiel, dass man jede Verführung eines anderen Menschen zum Bösen unterlässt und auch kein schlechtes Beispiel gibt oder die böse Tat eines anderen billigt. In Bezug auf die materiellen Bedürfnisse der Mitmenschen gilt, dass niemand dazu verpflichtet ist, dem Nächsten von dem etwas zu geben, was er zum eigenen Unterhalt und dem seiner Familie benötigt. Hat er allerdings darüber hinaus materielle Mittel, was bei vielen Menschen heute der Fall ist, so gibt es eine positive Pflicht, von diesen Gütern dem Bedürftigen etwas abzugeben.

Bei der Gelegenheit sollte ich ein Prinzip erwähnen, das verständlich macht, warum niemand dazu verpflichtet ist, dem anderen etwas von dem abzugeben, was zum eigenen Unterhalt erforderlich ist. Dieses Prinzip der natürlichen Ethik lautet, *dass die Selbstliebe der Nächstenliebe vorangeht*. Das Prinzip beruht auf der einfachen anthropologischen Tatsache, dass man keinen anderen lieben kann, wenn man sich nicht selbst liebt. Deshalb ist der erste Akt der Liebe auf sich selbst gerichtet, denn es ist unmöglich, einen anderen wirklich zu lieben, wenn man sich selbst verachtet. Selbstliebe ist, entgegen der häufig anzutreffenden Meinung, nicht das Laster der Eitelkeit, sondern es ist der maßvolle und zuversichtliche Respekt und die Anerkennung einer gleichen Würde anderer Menschen, die natürlicherweise dazu führen, dem anderen Gutes zu tun (D. Oderberg 2005, 52).

Menschenrechte

Im Zusammenhang mit den Rechten und Pflichten des Menschen einige Worte zu dem heute ganz im Mittelpunkt stehenden Thema Menschenrechte. Einiges dazu habe ich schon angedeutet. „Als Menschenrechte werden subjektive Rechte bezeichnet, die jedem Menschen gleichermaßen zustehen. Das Konzept der Menschenrechte geht davon aus, dass alle Menschen allein aufgrund ihres Menschseins mit gleichen Rechten ausgestattet und dass diese egalitär begründeten Rechte universell, unveräußerlich und unteilbar sind" (Eintrag „Menschenrechte", Wikipedia). Ein subjektives Recht ist ein Recht, etwas zu tun oder zu unterlassen, das nicht im objektiven, d. h. hier im allgemeinen Recht eines Staates grundgelegt sein muss, das dem Einzelnen aber auch unabhängig von einer Gewährung durch den Staat zukommt. In den meisten Staaten der Erde werden diese Menschenrechte mehr oder weniger formal anerkannt, wenn auch nicht immer praktisch verwirklicht. Zumeist werden die Menschenrechte als Abwehrrechte gegen den Staat verstanden.

Eines der wichtigsten Probleme der Menschenrechte ist ihre Begründung. Es gibt bis heute keine einheitliche Begründung für die Existenz solcher Rechte. Weit verbreitet, aber in der gegenwärtigen Moralphilosophie sehr umstritten ist die Rede von Menschenrechten als angeborenen Rechten, die einem Menschen *qua* Menschsein zukommen. Das Problem einer solchen Aussage ist, dass sie selbst einer Begründung bedarf, weil es sich nur um eine Behauptung handelt. Wie schon zuvor gesagt, kann man die Qualität des „Angeborenseins" nicht objektiv feststellen, wie die Qualität der Haut- oder Augenfarbe oder die Abstammung. Deshalb ließe sich jederzeit einwenden, dass bestimmten Menschen diese Rechte vielleicht angeboren sind, anderen aber nicht, oder dass sie niemandem angeboren sind und bestenfalls auf bloßer Konvention beruhen. Dies ist denn auch die in der gegenwärtigen Moralphilosophie häufig diskutierte These: Menschenrechte sind konventionell, d. h. sie sind gültig und verbindlich, weil sie von den meisten Menschen und Staaten anerkannt werden. Dies wirkt sich dahingehend aus, dass die Staaten aufgefordert werden, eine Menschenrechtskonvention zu unterzeichnen, mit der sie sich verpflichten, in ihrem Staatsgebiet die Menschenrechte zu achten. Damit werden die Menschenrechte aber letztlich intersubjektiv begründet, sie sind abhängig von der Anerkennung von Staaten bzw. von Menschen. Bei dieser Begründung können aber auch jederzeit – zumindest prinzipiell – bestimmte Rechte gestrichen werden oder weitere Rechte hinzugefügt werden. Dies zeigt sich beispielsweise bei den Bemühungen der Vereinten Nationen, ein Recht auf sexuelle Selbstbestimmung zu proklamieren, das mit dem Recht auf Abtreibung verbunden wäre. Auch andere fragwürdige „Rechte“ werden derzeit für die Aufnahme in die Liste der Menschenrechte diskutiert. Der Begriff der Menschenrechte wird dadurch willkürlich. Dies zeigt sich bereits jetzt bei einer Reihe von Menschenrechten, wie sie in den verschiedenen Menschenrechtskatalogen zu finden sind, denn es finden sich dort Rechte, die eindeutig zum positiven Recht gehören, d. h. zum vom Menschen gesetzten Recht. Wegen der fehlenden Grundlegung der Menschenrechte ist zudem kein innerer Zusammenhang der verschiedenen Rechte erkennbar.

Die natürliche Ethik bzw. die klassische Naturrechtsethik bieten hier eine Lösung an. Dazu ist allerdings die Anerkennung einer menschlichen Natur erforderlich, der Wesenheit des Menschen, wie wir dies zuvor vorgestellt haben. Dann macht der Begriff der „angeborenen Rechte“ auch einen Sinn, denn es handelt sich um Rechte, die aus der Natur des Menschen als eines vernunftbegabten Sinnenwesens folgen. Viele dieser recht verstandenen Menschenrechte wurden zuvor schon genannt. Nur solche Rechte und Pflichten – die Aufnahme von Pflichten in den Katalog der Menschenrechte wäre sicherlich erforderlich und sinnvoll – gehören zu den recht verstandenen Menschenrechten, oder, um einen neuen Begriff zu prägen, zu den „natürlichen Menschenrechten“, die sich aus der Natur des

Menschen mit seinen Zwecken und Zielen ergeben. Dazu gehört natürlich das Recht auf Leben und körperliche Unversehrtheit, wie es auch im Grundgesetz steht, das Recht auf wahre Gottesverehrung, d. h. auf Ausübung der Religion und einige andere der zuvor genannten Rechte. Zu den natürlichen Menschenrechten gehört aber z. B. nicht das Recht auf Meinungsfreiheit. Um einen Sturm der Entrüstung gleich auszubremsen: Es ist absolut nichts gegen ein Recht auf Meinungsfreiheit einzuwenden, aber es handelt sich dabei nicht um ein Naturrecht, sondern um ein sinnvolles positives Recht. Es gibt ein Recht auf Wahrheit und auch die Pflicht, stets die Wahrheit zu sagen. Eine Meinung kann aber wahr oder falsch sein. Sofern dies bei einer Frage nicht entschieden werden kann – und viele Fragen, vor allem aus dem Bereich der Praxis, wozu auch die Politik gehört, gehören nicht in den Bereich, wo es um wahr oder falsch geht –, kann selbstverständlich jeder frei seine Meinung äußern, sofern er nicht gegen ein anderes natürliches Recht, das des Respekts und der Achtung, verstößt. Aus der Natur des Menschen folgt aber nur das Recht auf Wahrheit.

Weitere Rechte, die zu den natürlichen Menschenrechten zählen, sind das Recht auf Ehe und Familie, die freie Wahl des Wohnortes und ein Recht auf Arbeit, denn der Mensch verwirklicht seine Natur vor allem durch die Arbeit. Allerdings bedeutet dies nicht die Verpflichtung des Staates, jedem Menschen eine bezahlte Arbeit zu beschaffen, was nur unter totalitären Bedingungen möglich wäre. Das natürliche Recht auf Arbeit ist nicht identisch mit dem von den Gewerkschaften und anderen geforderten Recht auf bezahlte Arbeit. Ein solches Recht könnte es nur geben, wenn in die Rechte anderer eingegriffen würde, insbesondere in das Recht auf Eigentum, das ebenfalls zu den natürlichen Menschenrechten gehört.

Recht und Moral – Unterscheidung oder Trennung?

Staatliche Gesetze und moralische Gebote sind nicht identisch. Kein Gesetzbuch kann alle moralischen Handlungen reflektieren. Das Gebiet der Moral oder der Ethik ist weit umfangreicher als die staatlichen Gesetzbücher. Daher sind offensichtlich Recht und Moral verschieden. Für diese Verschiedenheit spricht aber nicht nur der Umfang, sondern auch der Inhalt. Staatliche Gesetze können nicht all das erfassen, was moralisch geboten ist. So ist es moralisch geboten, jedem Menschen höflich zu begegnen, aber es könnte kein staatliches Gesetz geben, das Höflichkeit vorschreibt. Man stelle sich allein vor, wie viele Klagen vor den Gerichten eingereicht würden, weil sich eine Person von einer anderen unhöflich behandelt fühlt. Zur Moral gehören alle Beziehungen, die sich aus der Natur des Menschen ergeben, so z. B. auch die Beziehungen des Menschen zu sich selbst, die wohl kaum in staatliche Gesetze gefasst werden können. Zu den moralischen Gesetzen gehören aber auch die natürlichen Beziehungen zwischen den Menschen in einem Staat und die Beziehungen des Einzelnen zur Gemeinschaft. Aus diesen natürlichen Beziehungen ergeben sich bestimmte Pflichten und Rechte. Diese Pflichten und Rechte bilden die Rechtsordnung, die deshalb auf die Moral oder Ethik zurückgeht, die ihrerseits in der Natur des Menschen gründet.

Nun wird allerdings in der neuzeitlichen Philosophie behauptet, dass Recht und Moral vollständig verschieden seien, dass es zwei voneinander getrennte Gebiete seien. In Deutschland wird dies vor allem von Immanuel Kant vertreten, der damit auch auf das Rechtsverständnis nicht nur in Deutschland eingewirkt hat. Nach Kant fordert das Recht nichts anderes als äußere Legalität in allen menschlichen Handlungen. Eine Handlung entspricht dem Gesetz, wenn sie mit dem Gesetz konform ist. Zur Durchsetzung des Gesetzes ist deshalb allein Zwang erforderlich; Gesetze beruhen daher nicht auf Autorität, die aus der Moral kommt. Staatliche Gesetze erfassen nur äußere Handlungen, während die Gesinnung keine Rolle spielt. Gesetze werden allein durch die staatliche Gewalt durchgesetzt und ihre Nichtbefolgung wird bestraft. Staatliche Gesetze erfordern deshalb keine sittlichen Motive, denn nach Kant ist das Wesen des staatlichen Gesetzes die Gewalt. „Recht und Befugnis, zu zwingen, sind im Grunde ein und dasselbe“, heißt es bei Kant (vgl. Kälin 1945, 97). Kant steht mit dieser Auffassung nicht allein, sondern dieses Verständnis des Rechts und des Verhältnisses von Recht und Moral hat sich in der modernen Rechtsprechung in der westlichen Welt mehr und mehr durchgesetzt, obwohl es alles andere als selbstverständlich ist. Es ist schlicht falsch, Recht und Moral voneinander zu trennen, und kein Staat kann existieren, wenn die Menschen Gesetze allein deshalb beachten, weil sie anderenfalls bestraft werden. Natürlich ist das kein direkter Einwand gegen die Rechtsphilosophie Kants, da dieser die Moral auf die Selbstgesetzgebung der autonomen Vernunft gründet, die besagt, dass die Maxime meiner Handlungen stets so sein soll, dass sie jederzeit zum allgemeinen Gesetz werden kann. Da aber beide Bereiche – Recht und Moral – getrennt sind, haben Gesetze des Staates nach Kant keine moralische Verpflichtung, sondern werden allein durch Zwang durchgesetzt. Dass der im Sinne Kants moralische Mensch sich an die staatlichen Gesetze hält, hängt also nicht damit zusammen, dass er ein moralischer Mensch ist, sondern dass er die Strafe fürchtet, die ein Gesetzesverstoß mit sich bringt.

Die Erzwingbarkeit des Rechts ist sicher eine Eigenschaft der Rechtsordnung, und dies im Unterschied zur Moral. Wer gegen ein moralisches Gesetz verstößt, wird dadurch bestraft, dass er sein Ziel verfehlt. Wer gegen ein staatliches Gesetz verstößt, muss dafür von Seiten des Staates bestraft werden. Doch die Erzwingbarkeit setzt das Recht voraus und kann deshalb nicht zum Wesen des Rechts gehören, wie Kant behauptet. Die Erzwingbarkeit des Rechts dient der *Verteidigung* des Rechts und kann deshalb nicht dessen Wesen ausmachen, wie ebenfalls Kant behauptet (Kälin 1945, 95).

Auch bleibt die staatliche Gesetzgebung auf dieser rechtsphilosophischen Grundlage willkürlich, denn sie orientiert sich nicht an einem objektiven Gesetz. Wodurch ist ein Gesetz gerecht, wenn es keinen objektiven Maßstab für Gerechtigkeit gibt? Den Vätern des deutschen Grundgesetzes waren diese Probleme noch durchaus bewusst und sie haben die Orientierung am „natürliche Sittengesetz" deshalb auch zur Grundlage des Grundgesetzes gemacht und auch in das Grundgesetz geschrieben. Dieses Bewusstsein von der Notwendigkeit einer Orientierung am Naturrecht oder am natürlichen Sittengesetz ist in der neueren Rechtsprechung fast vollständig verloren gegangen. Ich glaube, dass viele Probleme der modernen Rechtsordnung, nicht nur in Deutschland, hier ihren Grund haben. Ein Recht ohne Moral ist blutleer und verliert jeden moralisch verpflichtenden Charakter. Die moralische Ordnung und die Rechtsordnung sind nicht zwei getrennte Bereiche, wenn sie auch verschieden sind.

Nicht unerwähnt möchte ich eine gegensätzliche Auffassung lassen, wie sie z. B. im Islam vertreten wird. Nach übereinstimmender Lehre des Islam sind Rechtsordnung und staatliche Ordnung untrennbar verbunden und der islamische Staat ist deshalb ein Staat auf der Grundlage der Scharia. Dies wiederum hängt damit zusammen, dass es im Islam auch keine Unterscheidung zwischen natürlicher und übernatürlicher bzw. religiöser Moral gibt, wie dies für das Christentum und insbesondere für Thomas von Aquin selbstverständlich ist. Die menschliche Vernunft ist nach Thomas von Aquin und auch nach katholischer Lehre, die sich hier auf Thomas beruft, in der Lage, alle wichtigen moralischen Gesetze selbst und ohne Offenbarung zu erkennen. Die Offenbarung – wie z. B. die Zehn Gebote – erleichtert nur die menschliche Erkenntnis, steht aber nicht im Widerspruch zur natürlichen Ethik.

Das Gewissen

Über das Gewissen liest man in Schriften zur Ethik heutzutage eher wenig, und wenn, dann sind die Meinungen dazu sehr unterschiedlich. Ganz richtig schreibt Franz von Kutschera: „Man verwendet dieses Wort heute freilich nur noch zögernd und es besteht auch keine Einigkeit darüber, was unter ‚Gewissen' zu verstehen ist, über seine Natur, seine Funktion oder seine Bedeutung" ([2]1999, 316). Von Kutschera zitiert in diesem Zusammenhang den Moralphilosophen H.G. Stocker, der verschiedene Bedeutungen des Gewissens in der Gegenwartsphilosophie auflistet, wie „göttliches Orakel", „höchste Vernunftinstanz", „menschliches Urteil", Gefühl, Wille, Trieb, Instinkt, „moralische Gesamtnatur" usw. Von Kutschera versucht dann, „Parallelen zwischen Charakterisierungen des Gewissens und unseren Aussagen über die praktische Reflexion aufzuweisen" (ibid. 317). Ganz richtig fasst er das Wesentliche des Gewissens dann folgendermaßen zusammen: „Etymologisch besagt das Wort ‚Gewissen' (*syneidsis, conscientia*) so viel wie ‚Mitwissen'; es bezeichnet ein Wissen dessen, was moralisch richtig ist. Dieses Mitwissen lässt sich einfach als das moralische Bewusstsein verstehen, das unsere Handlungen begleitet, oder das entsteht, wenn wir über unsere Handlungen oder Ziele nachdenken" (ibid.). Dieter Birnbacher ([3]2013, 105) spricht über das Gewissen nur unter der Hinsicht einer „Gewissensethik" – ein Begriff, den er selbst für eine solche Ethik geprägt hat, „die außer der Aufforderung, dem jeweils eigenen Gewissen zu folgen, keine inhaltlichen Vorgaben macht. Sie postuliert lediglich, dass die Normen des Gewissens von logisch allgemeiner Form sind, d. h. sich jeweils nicht nur auf einzelne Situationen, sondern auch auf Typen von Situationen beziehen." Als Beispiel für eine solche Ethik führt er das „System der Sittenlehre" bei Fichte an. Zu dem, was das Gewissen ist, findet man bei Birnbacher kaum etwas, und die Bezugnahme auf Fichte ist nicht ganz verständlich, da eine Gewissensethik in dieser Form meines Wissens heute nicht mehr vertreten wird. In der „Einführung in die Allgemeine Ethik" von Michael Quante ([5]2013) kommt der Begriff des Gewissens gar nicht vor.

Was ist nun das Gewissen? Einige Hinweise können wir den zitierten Sätzen von Kutscheras entnehmen. Das Gewissen ist tatsächlich ein Erkenntnisvermögen, bzw. es ist der Verstand, und zwar insofern, als durch den Verstand ein sittlicher Grundsatz, ein moralisches Prinzip auf eine konkrete Handlung angewendet wird. Das Gewissen hat also zumindest im Wesentlichen nichts mit Gefühlen oder speziellen seelischen Vermögen zu tun. Das Gewissen ist eine Tätigkeit des Verstandes, d. h. ein bestimmter Vollzug des Erkenntnisvermögens. Das Gewissen ist ein Mitwissen, es ist ein bestimmtes Wissen und gehört deshalb zur Rationalität des Menschen. Dieses bestimmte Wissen bezieht sich auf die Anwendung allgemeiner moralischer Gesetze auf konkrete Situationen. Die *Tätigkeit* des Gewissens ist das Urteil, nämlich das Gewissensurteil. Es ist ein Urteil der praktischen Vernunft über die moralische Qualität einer Handlung. Allerdings ist die Erkenntnis des Gewissens nicht nur rein theoretischer Natur, wie aus dem Vorherigen schon sichtbar wird, sondern es geht beim Wissen des Gewissens um die Anwendung der theoretischen Erkenntnis moralischer Gesetze auf bestimmte Handlungen. Dass Lügen moralisch verwerflich ist, ist ein theoretisches Wissen. Das Gewissen wendet dieses Wissen konkret an, wenn ich z. B. im Gespräch mit Susanne bin und vor der Frage stehe, ob ich ihr in einer bestimmten Angelegenheit die Wahrheit sagen soll. Zumindest prinzipiell geschieht dies wie bei einem logischen Schluss: Ich weiß, dass Lügen moralisch verwerflich bzw. böse ist. In dieser bestimmten Situation mit Susanne ist das, was ich sagen will, eine Lüge. Also ist das, was ich sagen will, böse. Natürlich wird dies in vielen Fällen nicht in dieser logischen Form ablaufen, aber der Sache nach ist dies genau das, was das Gewissen tut. Es sagt mir etwas über die moralische Qualität („gut“, „böse“) meiner Handlung, und zwar als Schlussfolgerung aus moralischen Gesetzen. Man kann das Gewissen vergleichen mit der Arbeit eines Ingenieurs oder Technikers, der allgemeine mechanische oder physikalische Gesetze bei der Konstruktion einer Anlage oder Maschine anwendet. Bei den Gesetzen, die vom Gewissen angewendet werden, handelt es sich allerdings nicht um physikalische, sondern um moralische Gesetze.

Das Gewissen wird nicht erst tätig, wenn ich in einer Situation bin, sondern kann sich bereits melden, bevor ich im moralischen Sinne zu handeln beginne, z. B. wenn ich eine Situation im Voraus antizipiere. Auch nachdem ich gehandelt habe, kann sich das Gewissen bemerkbar machen und das Urteil fällen, dass diese Handlung moralisch verwerflich war. Dies ist dann oftmals verbunden mit einem bestimmten Gefühl bzw. einer Gemütsstimmung, die als Gewissensruhe oder Gewissensunruhe, der „Gewissensbiss“, bezeichnet wird. Das Gewissensurteil wird hier von einem Gefühl der Billigung oder einer inneren Unruhe, die eine Missbilligung anzeigt, begleitet.

In der Diskussion über das Gewissen, sofern es solche Diskussionen heute noch gibt (was vor allem in der Theologie der Fall ist), wird immer wieder darauf hingewiesen, dass man auch einem irrenden Gewissen folgen muss. Daher hier einige Worte zu diesem Thema und zur Frage nach der Irrtumslosigkeit des Gewissens. Das Urteil des Gewissens ist nicht ohne Irrtum, d. h., das Gewissen kann irren (von Kutschera ²1999, 323). Da es sich beim Gewissensurteil um ein Urteil handelt, ist das Gewissen genauso dem Irrtum unterworfen wie jedes andere Urteil. Ein Urteil besteht aus der Zusammensetzung von verschiedenen Begriffen und bei dieser Zusammensetzung kann es zu Fehlern kommen. Doch wie verhält es sich, wenn ich zu einem Urteil über eine moralisch relevante Handlung gekommen bin, bevor ich diese Handlung ausführe? Nehmen wir an, mein Urteil ist falsch, ich bin jedoch fest davon überzeugt, dass mein Urteil richtig ist. Kann oder muss ich dann meinem Gewissen folgen oder dem, was andere mir sagen?

Zunächst ist klar, dass ich in jedem Fall dem richtigen Gewissen folgen muss. Dies ergibt sich daraus, dass das richtige Gewissensurteil eine Erkenntnis des moralisch Guten bedeutet, allgemeiner, eine Erkenntnis des moralischen Gesetzes. Das richtige Gewissen wendet dieses erkannte moralische Gesetz auf eine konkrete Situation an und deshalb muss ich diesem Urteil des Gewissens folgen. Nun gibt es aber den Fall eines Irrtums des Gewissens, bei dem dieser Irrtum trotz verschiedener Argumente von Freunden von mir nicht als Irrtum erkannt wird. Man spricht hier von einem *unüberwindlich irrenden Gewissen*. Was ist hier zu tun? Grundsätzlich gilt auch bei einem solchen irrenden Gewissen, dass ich ihm folgen muss. Im Gewissen bin ich ja überzeugt – wenn auch irrtümlich –, dass ich dem objektiven moralischen Gesetz, d. h. dem objektiv Guten entspreche. Dem Urteil des Gewissens ist aber in jedem Fall zu folgen. Würde ich in diesem Fall nicht meinem Gewissen folgen, dann würde dies bedeuten, dass ich im Widerspruch zum Urteil meines Gewissens handelte, und das bedeutet, ich würde nicht das Gute tun, sondern etwas Böses.

Es gibt häufiger auch den Fall, dass ich im Gewissen irre, aber die Möglichkeit habe, den Irrtum zu beseitigen, indem ich mir z. B. von einer zuverlässigen Person Rat hole, von der ich sicher weiß, dass sie mir sagen kann, ob ich in meinem Gewissensurteil richtigliege und z. B. das richtige moralische Gesetze anwende. Wenn dies der Fall ist, darf ich in keinem Fall handeln, wenn ich nicht zuvor alles unternommen habe, um einen möglichen Irrtum meines Gewissens zu beseitigen. Es gibt auch die Möglichkeit, dass ich zweifele, ob mein Gewissensurteil richtig ist. Hier unterscheidet die klassische Ethik zwei verschiedene Fälle (vgl. Kälin 1945. 75f.): Der Zweifel kann eher theoretischer Natur sein, oder es kann sich um einen praktischen Zweifel handeln. Was ist damit gemeint?

Beim Gewissensurteil handelt es sich um die Anwendung eines allgemeinen Gesetzes auf eine konkrete Situation. Das Gesetz ist dabei so etwas wie die Prämisse. Nun kann es vorkommen, dass man daran zweifelt, ob das Gesetz richtig ist bzw. ob es in diesem Fall überhaupt zur Anwendung kommt. In diesem Fall darf man entsprechend dem Gewissen handeln, denn ein zweifelhaftes Gesetz gilt nicht und daraus folgt, dass die Handlung erlaubt ist. Allgemein gilt also, dass bei einem Zweifel, der sich auf ein allgemeines moralisches Gesetz bezieht, immer entsprechend dem Gewissensurteil gehandelt werden kann. Nehmen wir an, ich befinde mich auf einem nicht abgegrenzten Privatgrundstück, auf dem sich viele Kastanienbäume befinden. Den Besitzer des Grundstücks kenne ich nicht und weiß nur, dass die Bäume einer Privatperson gehören. Nun möchte ich einen Eimer Kastanien sammeln, die in größeren Mengen auf dem Boden liegen. Ist in diesem Fall das Gesetz anwendbar, dass man nicht stehlen darf? Das ist durchaus zweifelhaft. Also kann ich in diesem Fall den Eimer Kastanien sammeln und mit nach Hause nehmen.

Anders verhält es sich bei einem praktisch zweifelnden Gewissen. In diesem Beispiel bezieht sich der Zweifel nicht auf die Prämisse bzw. die Anwendung eines bestimmten Gesetzes auf eine bestimmte Situation, sondern auf die konkrete Handlung. Wenn wir das zuvor genannte Beispiel etwas umstellen, indem es sich bei den Kastanien um Esskastanien, also um Maronen handelt, bei denen klar ist, dass der Besitzer diese verkauft und ich nicht einen Eimer Maronen mitnehmen will, sondern bestenfalls ein Dutzend für den Hausgebrauch. Handelt es sich in diesem Fall um Diebstahl? Dies ist hier nicht zweifelhaft, aber der Besitzer würde es mir sicher erlauben, wenn ich ihn fragte, ob ich ein Dutzend Kastanien mitnehmen dürfe, z. B. weil ich den Besitzer gut kenne und er mir das auch in früheren Jahren schon mal erlaubt hat. Momentan kann ich ihn aber nicht fragen. In diesem Fall ist es nicht erlaubt, die Maronen zu sammeln und einzustecken, denn es ist praktisch zweifelhaft, ob der Besitzer mir auch dieses Mal das Sammeln einiger Maronen erlaubt. Hier gilt: Im Zweifel für den Besitzer. Allerdings könnte man in diesem Fall auch ein anderes praktisches Prinzip anwenden, nämlich, dass man das tut, wofür die Vermutung am ehesten spricht. Das wäre in diesem Fall, dass der Eigentümer es mir erlauben würde, zumal er es mir noch nie verboten hat und ich ihm bei unserer nächsten Begegnung davon berichte.

Es gibt noch einige weitere Prinzipien über die Pflicht, dem Gewissen zu folgen, die ich hier nicht weiter diskutieren will. Es geht vor allem darum, zu erkennen, dass man grundsätzlich immer dem Gewissen folgen muss, auch wenn es sich um ein irrendes Gewissen handelt, und dass in Situationen, in denen das Gewissen in Bezug auf die Prinzipien zweifelt, ebenfalls dem Gewissen zu folgen ist und man nur dort, wo der Zweifel praktischer Natur ist, also das Gewissen in der Anwendung auf die konkrete Situation zweifelt, nicht handeln sollte. Zu dem Prinzip, dem Gewissen immer zu folgen, auch im Irrtum, muss aber hinzugefügt werden, dass es die Pflicht gibt, das Gewissen zu bilden. Ich darf einen Irrtum nicht auf sich beruhen lassen, z. B., weil es mir leichter fällt, nicht zu dessen Aufklärung beizutragen. Im Gegenteil bin ich verpflichtet, einen solchen Irrtum mit allen mir zur Verfügung stehenden Mitteln aufzuklären, auch nachdem ich entsprechend meinem irrenden Gewissen gehandelt habe.

4. Metaethische Grundbegriffe

Das Meiste von dem, was ich in den beiden ersten Kapiteln dieses Buches geschrieben habe, gehört zu dem Bereich, den man heute zumeist mit dem Begriff der *Metaethik* bezeichnet. Früher wurden diese Grundlagen der Ethik oft unter dem Titel *Allgemeine Ethik* zusammengefasst. Die Metaethik oder die allgemeine Ethik behandelt keine moralischen Gebote oder Gesetze, keine normativen Forderungen, sondern sie stellt die Grundlagen dar – ontologische, erkenntnistheoretische, sprachphilosophische, methodologische oder anthropologische Grundlagen –, die für die Ethik von Bedeutung sind. Hier werden die Grundbegriffe der Ethik vorgestellt sowie die Begründungen und Argumente, aus denen moralische Gebote folgen. In diesem Kapitel möchte ich einige der derzeit wichtigsten metaethischen Grundbegriffe und Theorien kurz vorstellen, um damit den Rahmen anzudeuten, in dem die natürliche Ethik ihren Platz einnimmt.

Kognitivismus und Nonkognitivismus

Bei der Gegenüberstellung von Kognitivismus und Nonkognitivismus geht es um die Frage der Erkennbarkeit moralischer Gesetze. Kann man moralische Gebote wie „Du sollst nicht stehlen!" objektiv erkennen, und wenn ja, wie werden solche moralischen Gebote erkannt? Dass es einen Unterschied bei der Erkenntnis moralischer Gebote zur Erkenntnis empirischer Tatsachen wie „Die Kastanie ist braun" gibt, ist offensichtlich. Mit unseren fünf Sinnen können wir moralische Forderungen nicht erkennen. Wenn moralische Äußerungen aber nicht in dem Sinne erkennbar sind wie empirische Tatsachen – sind sie dann überhaupt wahr oder falsch? Eine moralische Forderung ist keine Beschreibung, sondern beinhaltet eine Forderung. Können solche Forderungen wahr oder falsch sein?

Auch dafür, dass dies zu einem Problem wurde, hat der Skeptiker David Hume die Grundlagen gelegt, indem er strikt zwischen Vernunft und Willen unterschied, oder besser gesagt, indem er beides voneinander trennte. Der Verstand ist auf die Wahrheit gerichtet und versucht, die Tatsachen so zu erkennen, wie sie sind. Wahrheit besteht in der Übereinstimmung der Erkenntnis mit der Wirklichkeit. Der Wille hingegen, wozu nach Hume auch Gefühle, Wünsche oder Wertvorstellungen gehören, ist nicht auf Wahrheit gerichtet, sondern auf die Veränderung der Wirklichkeit durch unser Handeln. Aus der Erkenntnis, so Hume, folge nicht unmittelbar eine Handlung, sondern ein zusätzlicher Aspekt sei erforderlich, nämlich die Motivation durch den Willen. Die Vernunft motiviert nicht und der Wille erkennt nicht. Daraus folgt für Hume, dass moralische Äußerungen keinen Wahrheitswert besitzen, dass sie also nicht wahr oder falsch sind und lediglich eine persönliche Vorliebe desjenigen zum Ausdruck bringen, der diese Äußerung macht. Wenn ich also sage: „Du sollst nicht lügen“, dann bedeutet dies nach Hume nichts anderes, als dass ich möchte, dass man mir die Wahrheit sagt. Die Rede von wahr oder falsch im Zusammenhang mit solchen moralischen Äußerungen ist also sinnlos. Wir wollen, so Hume, mit solchen Äußerungen unserem Gegenüber nur unsere eigenen Einstellungen und Wünsche zum Ausdruck bringen. Folglich sind moralische Diskussionen oder die Auseinandersetzung über moralische Fragen letztlich überflüssig und sinnlos. Dies ist jedenfalls die Auffassung der Nonkognitivisten. Für den Nonkognitivismus ist damit die Ethik oder Moralphilosophie nach diesen Feststellungen beendet.

Der Kognitivismus hingegen ist grundsätzlich der Auffassung, dass moralische Urteile bzw. Äußerungen erkennbar sind. Über die Art und Weise dieser Erkennbarkeit gehen die Auffassungen allerdings weit auseinander. Die natürliche Ethik gehört zum Kognitivismus, d. h., wir sind der Überzeugung, dass moralische Urteile ebenso der Erkenntnis zugänglich sind wie empirische Tatsachen und dass beide Bereiche, nicht wie bei Hume, völlig voneinander verschieden sind, sondern dass Vernunft und Willen zusammengehören und dass sich aus Erkenntnissen moralische Forderungen ergeben können. Allerdings hat unsere Auffassung vom engen Zusammenhang von Verstand und Willen nicht viele Anhänger. Die Debatte über den Kognitivismus wird von anderen Theorien bestimmt, insbesondere von den moralischen Realisten. Hier gibt es zwei grundsätzlich verschiedene Theorien, nämlich naturalistische und nichtnaturalistische Theorien. Darauf werde ich später im Abschnitt über den moralischen Realismus etwas ausführlicher eingehen. Hier nur einige Worte zum Verständnis dieser Diskussion. Moralische Realisten sind der Auffassung, dass es moralische Tatsachen gibt. Ein moralisches Urteil, das eine moralische Tatsache richtig beschreibt, ist wahr. Diese moralischen Tatsachen gibt es unabhängig davon, ob jemand glaubt, dass es sie gibt. Sie sind in gewissem Sinne genauso objektiv wie empirische Tatsachen, die ja auch nicht davon abhängig sind, ob wir sie erkennen oder nicht. Nun entsteht für einen moralischen Realisten allerdings die Frage, was denn eine moralische Tatsache eigentlich ist. Es scheint zumindest so, dass eine moralische Tatsache sich deutlich von einer empirischen Tatsache unterscheidet. Es gibt offenbar einen Unterschied zwischen den Tatsachen, dass die Kastanie braun ist, und dass es böse ist zu lügen. Und bei der Diskussion über diesen ontologischen Status von moralischen Tatsachen bricht der Streit zwischen den naturalistischen und nichtnaturalistischen Realisten auf. Erstere glauben, dass sich moralische Tatsachen auf natürliche Tatsachen zurückführen lassen oder mit diesen identisch sind, während nichtnaturalistische Realisten dies bestreiten. Diese Debatte innerhalb des moralischen Realismus hat weitere Folgen für die Erkennbarkeit moralischer Tatsachen. Ein naturalistischer Realist wird sagen, dass moralische Tatsachen im Prinzip genauso erkennbar sind wie irgendwelche anderen Tatsachen, da es sich ja letztlich um natürliche Tatsachen handelt. Dies wird der nichtnaturalistische Realist bestreiten. Er argumentiert dafür, dass moralische Tatsachen durch Intuitionen erfasst werden können. Dazu gleich mehr.

Subjektivismus und Intuitionismus

Unter moralischem Subjektivismus in einem engeren Sinne versteht man jede ethische Theorie, die normative Aussagen und ihre Geltung ausschließlich (oder weitgehend) auf bestimmte subjektive Wünsche, Interessen oder Vorzüge zurückführt (von Kutschera [2]1999, 59f.). Der moralische Subjektivismus ist nicht notwendigerweise mit einer bestimmten Moraltheorie verbunden. Es gibt naturalistische und nicht-naturalistische Ethiken, ebenso wie utilitaristische und deontologische Ethiken (diese Begriffe und Theorien werden später erläutert). Nach Auffassung des Utilitaristen ist etwas moralisch gut, wenn es nützlich ist. Diese Nützlichkeit kann rein subjektiv bestimmt werden. Subjektivismus bedeutet auch nicht, dass die subjektiven Präferenzen individuell sein müssen. Sie können sich auch auf soziale Konventionen beziehen. Dann sind solche sozialen Konventionen die Grundlage moralischer Gebote. Es kommt hier auf die *Begründung* sozialer Konventionen an, nicht allein auf die Bezugnahme auf solche Konventionen, denn man kann Konventionen auch objektiv begründen und dann handelt es sich nicht um einen moralischen Subjektivismus. Der Subjektivismus in diesem Sinne ist immer kognitivistisch, denn er geht ja davon aus, dass solche subjektiven Aussagen nicht nur erkennbar sind, sondern auch wahr oder falsch sein können (ibid., 60). In einem weiteren Sinne kann man auch alle nonkognitivistischen Theorien als subjektivistisch bezeichnen, denn Nonkognitivisten sind der Auffassung, dass moralische Aussagen nichts anderes als persönliche Präferenzen zum Ausdruck bringen, doch bestreiten sie, dass diese wahr oder falsch sind. Vielmehr sind nach dieser Auffassung moralische Behauptungen nur Ausdruck bestimmter Vorlieben oder Abneigungen.

Für den Subjektivismus im engeren Sinne sind alle moralischen Gebote *relativ*, nämlich relativ in Bezug auf bestimmte Personen oder Gemeinschaften und relativ in Bezug auf eine bestimmte Zeit. „[S]ubjektive Präferenzen sind immer Präferenzen, die bestimmte

Personen zu bestimmten Zeiten haben, und Konventionen gelten immer nur in einer bestimmten Gesellschaft zu einer bestimmten Zeit" (ibid., 60). Moralische Aussagen oder Gebote, die überzeitlich und unabhängig von bestimmten Personen oder Gemeinschaften gültig sind, gibt es dementsprechend nicht.

Der Intuitionismus ist nicht notwendigerweise subjektivistisch, kann aber so verstanden werden. Der Intuitionismus versteht sich als Alternative zum Naturalismus. *George Edward Moore*, den wir schon mit seinem Argument der offenen Frage, die sich gegen den Naturalismus in der Ethik wendet, kennengelernt haben, war ein Vertreter des Intuitionismus. Wie der Name schon andeutet, bezieht sich der Intuitionismus auf unsere Intuitionen, wenn es um grundlegende moralische Urteile geht. Solche moralischen Urteile sind *evident*, wenn sie mit unseren Intuitionen übereinstimmen, und wir erkennen solche grundlegenden moralischen Sachverhalte durch unsere Intuitionen. Es handelt sich dabei um so etwas wie ein eigenes Erkenntnisvermögen. Moralische Urteile werden nicht wahrgenommen, sondern intuitiv erfasst, sind aber auf diese Weise unserer Erkenntnis zugänglich. Damit gehört der Intuitionismus zum Kognitivismus. Umstritten ist allerdings, welche Kriterien es dafür gibt, ob eine Intuition angemessen bzw. richtig ist, und wann nicht (Höffe ^{7}1997, 197f.).

Jedenfalls ist der Intuitionismus davon überzeugt, dass es grundlegende moralische Überzeugungen gibt, die uns direkt durch Intuitionen zugänglich sind. So wissen wir intuitiv, dass es moralisch verwerflich ist, Kinder aus einem sadistischen Vergnügen zu quälen, oder dass es moralisch falsch ist, zu lügen. Nach Moore sind solche moralischen Überzeugungen grundlegend, weil sie nicht durch die Rückführung auf andere moralische Überzeugungen begründet werden müssen; sie sind gewissermaßen durch sich selbst intuitiv gewiss. Moore und andere Intuitionisten gehen davon aus, dass es ein Fundament für moralisches Wissen gibt – grundlegende moralische Überzeugungen, die die Grundlage bilden für alle anderen, abgeleiteten moralischen Urteile.

Der Intuitionismus kann mit verschiedenen Moraltheorien verbunden sein, sowohl mit dem moralischen Realismus als auch mit dem Konsequentialismus, wie Moore ihn vertreten hat. Daher gibt es viele intuitonistische Theorien, wobei es auch Unterschiede bezüglich dessen gibt, was man unter einer Intuition versteht. So hält Moore Intuitionen für eine besondere intellektuelle Fähigkeit, während andere Ethiker Intuitionen in Analogie zu Wahrnehmungen analysieren. Auch in der deutschen *Werteethik*, die auf Nicolai Hartmann (1882–1950) und Max Scheler (1874–1928) zurückgeht, spielen grundlegende Intuitionen eine zentrale Rolle bei der Erfassung moralischer Sachverhalte.

Die Kritik am Intuitionismus richtet sich vor allem gegen die Annahme, dass es unmittelbare moralische Überzeugungen gibt, die keiner Begründung bedürfen und aus denen sich dann alle anderen moralischen Urteile ableiten lassen. Auf die Frage, warum es gerechtfertigte moralische Überzeugungen gibt, kann der Intuitionismus nicht antworten, denn er verweist darauf, *dass* es solche fundamentalen Überzeugungen gibt, ohne diese noch weiter begründen zu können. Die natürliche Ethik kann bei grundlegenden moralischen Überzeugungen auf die Natur des Menschen und die Zielgerichtetheit seiner Tätigkeiten verweisen, die stets auf das Gute gerichtet sind. Neuere Versuche, die den Intuitionismus wieder aufgreifen, versuchen deshalb, auf die These zu verzichten, dass es grundlegende moralische Überzeugungen gibt, die allein durch Intuitionen zugänglich sind (so z. B. F. von Kutschera ^{2}1999; Thomas Schmidt 2015, S. 185–199).

Moralischer Realismus

Nach Auffassung des moralischen Realisten gibt es moralische *Tatsachen*, die unabhängig von unseren moralischen Urteilen existieren. Wahre moralische Urteile beziehen sich demnach auf solche moralischen Tatsachen. Bis zu diesem Punkt stimmen die verschiedenen moralischen Realisten überein. Bei der Frage, um welche Art von Tatsachen es sich bei moralischen Tatsachen handelt, scheiden sich die Geister. Während der eine Teil der moralischen Realisten mit G.E. Moore der Überzeugung ist, dass moralische Tatsachen nichtnatürliche Tatsachen sind und dass sie sich deshalb auch nicht auf natürliche Tatsachen zurückführen lassen, ist der andere Teil der Realisten der Überzeugung, dass moralische Tatsachen auf natürliche Tatsachen reduzierbar sind. Deshalb werde ich beide Positionen einzeln behandeln (vgl. von Kutschera ^{2}1999, 59ff., 214ff.; Handbuch Ethik 2002, 53ff.).

Naturalistischer Realismus

Moralische Tatsachen sind natürliche Tatsachen oder lassen sich auf natürliche Tatsachen reduzieren. Dies ist, kurz gesagt, die Auffassung des naturalistischen Realismus. Natürliche Tatsachen sind die Tatsachen, die von den Naturwissenschaften erforscht und beschrieben werden. Entsprechend unterscheiden sich moralische Tatsachen zumindest nicht grundsätzlich von solchen naturwissenschaftlichen Tatsachen. Solche Behauptungen mögen den Leser überraschen, aber der szientistische Hintergrund dieser Theorien ist offensichtlich der Grund für eine solche Auffassung. Nun müssen naturalistische Realisten das Argument der offenen Frage von G.E. Moore widerlegen, wenn sie eine solche Theorie verteidigen wollen. Hierzu werden unter anderem sprachphilosophische Argumente verwendet. Man bestreitet, dass es sich bei der Behauptung der Identität von moralischen und natürlichen Tatsachen um eine Synonymie handelt. Dieses Argument stammt ursprünglich nicht von moralischen Naturalisten, sondern wurde in anderen Zusammenhängen diskutiert, so z. B. in der Philosophie des Geistes. Ohne das Argument hier im Einzelnen wiederzugeben, kann man sagen, dass Aussagen über die Identität von moralischen und natürlichen (nicht-moralischen) Eigenschaften nicht notwendigerweise auch behaupten, dass die *Bedeutung* solcher Aussagen identisch sei. Anders gesagt: Selbst wenn man sagt, dass Wasser und H_2O identisch sind, müssen Wasser und H_2O nicht die gleiche Bedeutung haben, denn es gibt z. B. Menschen, die nicht wissen, dass H_2O Wasser ist.

Weiterhin beruht das Argument Moores auf einer eindeutigen Unterscheidung zwischen analytischen und synthetischen Urteilen. Diese Unterscheidung wurde vor allem von W.V.O. Quine in Frage gestellt, obwohl ich dessen Argumente für wenig überzeugend halte. Die naturalistischen Realisten führen aber auch dieses Argument gegen Moore ins Feld, das, so ihre Überzeugung, selbst dann gültig ist, wenn die radikale Bestreitung des Unterschieds von analytischen und synthetischen Urteilen im Sinne Quines nicht in dieser Radikalität gültig ist.

Damit glauben die naturalistischen Realisten den Grund für ihre These gelegt zu haben, dass sich moralische Tatsachen auf nichtmoralische, d. h. natürliche Tatsachen zurückführen lassen. Das Problem, dass sich auch im Alltag zahlreiche alltägliche Ausdrücke nicht immer ohne weiteres auf naturwissenschaftliche Ausdrücke zurückführen lassen, führt nicht grundsätzlich dazu, dass man bestreiten muss, dass dies zumindest grundsätzlich möglich ist. Dass Wasser H_2O ist und sich damit der Ausdruck „Wasser“ auf einen naturwissenschaftlichen Ausdruck zurückführen lässt, gilt für die meisten Menschen als selbstverständlich. Doch bei anderen Alltagsgegenständen wie z. B. „Tisch“ ist das weniger offensichtlich. „Ein Gegenstand G ist genau dann ein Tisch, wenn G auf die Weise W aus Atomen zusammengesetzt ist“ (Handbuch, 53), wäre eine Möglichkeit zu einer solchen Reduktion eines Alltagsgegenstandes auf eine naturwissenschaftliche Tatsache. Wenn dies bei Alltagsgegenständen möglich ist, warum nicht auch bei moralischen Tatsachen? Um dieses reduktionistische Programm der naturalistischen moralischen Realisten durchzuführen, werden Theorien aufgegriffen, die ich bereits im Zusammenhang mit der Philosophie des Geistes dargestellt habe. Ähnlich wie die Versuche, „mentale Eigenschaften“ wie Wahrnehmungen oder Erinnerungen auf materielle Eigenschaften bzw. auf bestimmte Gehirnaktivitäten zu reduzieren, versuchen die Naturalisten in der Ethik nun, moralische Tatsachen wie die, dass man nicht lügen soll, auf natürliche, d. h. physikalische Tatsachen zu reduzieren. Einer der hier diskutierten Ansätze ist die Theorie der *Supervenienz*, zu der ich im vierten Band des *Grundkurses* einiges gesagt habe (2015, 70ff.). Die Argumente, die dort gegen den Naturalismus und Physikalismus angeführt wurden, muss ich hier nicht wiederholen.

Weitere Fragen, die von moralischen Naturalisten beantwortet werden müssen, sind die Frage, wie man moralische Tatsachen testen kann, was ja hinsichtlich naturwissenschaftlicher Tatsachen kein Problem darstellt (G. Harman 1981). Selbst wenn es möglich ist, moralische Tatsachen auf natürliche Tatsachen zu reduzieren, ist damit noch nicht die Frage beantwortet, wie wir einen epistemischen Zugang zu diesen Tatsachen haben. Hier muss der Naturalist versuchen zu zeigen, dass sich auch bezüglich der Erkenntnis kein wesentlicher Unterschied zwischen der naturwissenschaftlichen Erkenntnis und der Erkenntnis moralischer Tatsachen ergibt.

Beim naturalistischen moralischen Realismus handelt es sich um eine metaethische Theorie, und zwar insbesondere um eine ontologische Theorie über den Status moralischer Aussagen. Daher folgt aus einer solchen metaethischen Theorie zumindest nicht unmittelbar eine bestimmte normative Ethik. Allerdings sind die allermeisten naturalistischen Realisten Konsequentialisten, die den moralischen Wert einer Handlung ausschließlich vom Wert der Konsequenzen dieser Handlung beurteilen. Zum Konsequentialismus später mehr.

Nichtnaturalistischer Realismus

Diese Position des Realismus ist grundverschieden von der zuvor skizzierten. Natürliche und moralische Eigenschaften sind vollständig verschieden, denn moralische Eigenschaften oder Werte sind nicht natürlich und lassen sich auch in keiner Weise auf natürliche Eigenschaften zurückführen. Moral und Ethik bilden einen eigenen, nicht reduzierbaren Forschungsbereich der Philosophie.

Ein wichtiges Problem des nichtnaturalistischen Realismus besteht darin, den ontologischen Status moralischer Urteile genauer zu bestimmen. Wenn es objektive und reale moralische Sachverhalte gibt wie den Sachverhalt, dass Lügen böse ist, wo befinden sich dann diese Sachverhalte? Wenn sie sich ausschließlich im menschlichen Bewusstsein befinden, dann handelt es sich nicht um einen Realismus. Wenn sich moralische Sachverhalte in der Welt befinden, dann müsste man sie auch so wahrnehmen können wie irgendwelche anderen nichtmoralischen Sachverhalte. Und selbst wenn man behauptet, dass moralische Sachverhalte nicht wahrnehmbar sind wie irgendwelche anderen nichtmoralischen Sachverhalte, sondern dass sie uns nur durch bestimmte Intuitionen erschlossen sind, bleibt die Frage, *wo* denn diese moralischen Tatsachen in der objektiven Welt zu finden sind. Moore scheint in dieser Frage eine platonische Lösung im Blick gehabt zu haben, nach der moralische Tatsachen gewissermaßen in einem eigenen, selbständigen Bereich der Realität zu finden sind, zu dem wir durch moralische Intuitionen einen Zugang bekommen können. Ähnliche Auffassungen wurden auch von Wertethikern wie Nicolai Hartmann (1962) und Max Scheler (1966) vertreten. Diese Position wurde jedoch von vielen Realisten als unbefriedigend betrachtet und es wurde versucht, eine andere Lösung für diese Frage zu finden.

Die heute von vielen nichtnaturalistischen Realisten bevorzugte Lösung der Frage, wo sich moralische Tatsachen befinden bzw. wie man ihren ontologischen Status bestimmen kann, geht zurück auf David McNaughton (2003), John McDowell (1994) und auf David Wiggins (2000). Nach deren Theorie handelt es sich bei moralischen Werten um etwas Ähnliches wie bei sogenannten „sekundären Qualitäten", die auf die neuzeitliche mechanistische Philosophie von René Descartes und vor allem von John Locke zurückgehen. Sekundäre Qualitäten sind nach dieser Theorie Eigenschaften von Dingen, die von unserer Wahrnehmung abhängig sind. Nach den Theorien Lockes und anderer haben die materiellen Dinge bestimmte Eigenschaften, die objektiv und unabhängig von unserer Wahrnehmung bestehen, und andere Eigenschaften, die es nur gibt, weil es Wahrnehmung gibt. Das bedeutet aber nicht, dass diese sekundären Eigenschaften rein subjektiv sind. Primäre Qualitäten der Dinge sind vor allem die Ausdehnung, die Materialität und Festigkeit und einige weitere Qualitäten, die sich naturwissenschaftlich nachweisen lassen. Eigenschaften wie Farben, Geschmack, Geruch hingegen sind in diesem Sinne nicht objektiv, sondern sind abhängig von einem Subjekt, das sie wahrnimmt. Farben sind z. B. physikalisch bestimmte Wellenlängen, die wir als rot wahrnehmen.

Ähnlich soll es sich nun auch bei moralischen Werten verhalten. Werte sind keine Bestandteile der Welt, die völlig unabhängig von unserer Erkenntnis sind, sondern sie sind wie Farben oder Gerüche von einem erkennenden Subjekt abhängig. Wenn ein Mensch blind ist oder an einer bestimmten Augenkrankheit leidet oder farbenblind ist, dann ist diese Person nicht in der Lage, Farben richtig wahrzunehmen. Auch hier wird eine Analogie zu moralischen Tatsachen hergestellt. So wie es bestimmte subjektive Fähigkeiten gibt, die erforderlich sind, um sekundäre Qualitäten wahrzunehmen, gibt es auch bestimmte „Sinne", die erforderlich sind, um moralische Werte und die dazugehörenden Tatsachen zu erkennen. Dieses Vermögen wird als „Werterleben" (F. von Kutschera ^{2}1999, 224ff.) oder Werterfahrung bezeichnet, deren Gegenstand eine Werttatsache ist.

Wer in der Lage ist, solche Werterfahrungen zu machen, der erkennt moralische Tatsachen, wie z. B. die Tatsache, dass es moralisch böse ist zu lügen. Solche Werterfahrungen sind empirische Erfahrungen, ebenso wie das Sehen von Farben (vgl. auch D. McNaughton 2003).

Nun kann nicht jeder solche Werterfahrungen machen, wie man daran erkennt, dass es unterschiedliche Auffassungen z. B. über die Frage gibt, ob eine bestimmte Handlung gerecht ist oder nicht. Deshalb hat John McDowell (1994) die Theorie der Werterfahrung mit einer „dispositionalen Werttheorie" verbunden, die besagt, dass etwas einen bestimmten Wert hat, insofern es die Disposition besitzt, von einer Person erkannt zu werden, die in der Lage ist, diesen Wert wahrzunehmen. Obgleich solche Werteigenschaften von Menschen abhängig sind, die in der Lage sind, sie zu erkennen, sind diese Eigenschaften gleichwohl objektiv, wenn auch in einer anderen Weise als wissenschaftliche Tatsachen.

Im Unterschied zu den naturalistischen Realisten, denen es vor allem um die Suche nach grundlegenden moralischen Prinzipien geht, auf deren Grundlage sie eine konsequentialistische Ethik entwickeln können, sind nichtnaturalistische Realisten alles andere als Prinzipienethiker. Sie nennen ihre Position deshalb auch gelegentlich *partikularistisch* (Brad Hooker, Margaret Little 2000). Gemeint ist damit, dass es diesen Realisten vor allem um einzelne moralische Tatsachen geht, denn bei der Beurteilung einer bestimmten moralisch relevanten Situation geht es nicht so sehr darum, diese unter ein allgemeines Prinzip einzuordnen, sondern wie bei der Wahrnehmung von Farben oder Gerüchen hängt der konkrete Fall von der Sensibilität ab, die jemand besitzt, um eine Farbe oder einen Geruch wahrzunehmen bzw. einen moralischen Wert in einer bestimmten Situation zu erkennen.

Schon aus diesem Wenigen, was ich zum nichtnaturalistischen Realismus gesagt habe, ergeben sich einige Probleme, die in der Diskussion um diese metaethische Theorie vorgetragen werden. So gibt es zunächst ein Argument gegen die Begründung der Position, die als zirkulär kritisiert wird (Handbuch, 57). Die Bestimmung des Wertes als etwas, das nur von einer Person erkannt werden kann, die in der Lage ist, diesen Wert zu erkennen, bedeutet, dass man entweder den Wert eben dadurch definiert, dass eine Person in der Lage ist, ihn zu erkennen, oder umgekehrt vorzugehen. Im ersten Fall wird aber das, was ein Wert ist, nicht unabhängig von der Erkenntnis bestimmt, und im zweiten Fall wird das, was es heißt, in der Lage zu sein, den Wert zu erkennen, nicht unabhängig vom Wert definiert.

Ein mindestens ebenso schwerwiegendes Problem gibt es hinsichtlich der Schuldfrage. Wenn es Personen gibt, die zu bestimmten Werterfahrungen nicht in der Lage sind und deshalb moralische Tatsachen nicht erfassen können, dann kann man solchen Personen auch keinen Vorwurf machen, man kann sie nicht für bestimmte unmoralische Handlungen schuldig sprechen. Eine solche Person könnte jederzeit einwenden, dass sie die moralischen Werte nicht „gesehen" hat, die ihr ein bestimmtes Handeln nahelegen sollten. Dass es tatsächlich solche Personen gibt, dass es Menschen gibt, die aus unterschiedlichsten Gründen moralische Werte, oder besser gesagt, das Gute nicht erkennen können, wird auch von der natürlichen Ethik nicht bestritten. Allerdings gibt es in der natürlichen Ethik objektive Kriterien, nach denen sich beurteilen lässt, ob eine Person nicht zu einem angemessenen moralischen Urteil in der Lage ist, während es solche objektiven Kriterien für einen moralischen Realisten nicht gibt. Blindheit lässt sich von jedem Laien erkennen, moralische Blindheit allerdings nicht.

Ein weiterer Einwand gegen den moralischen Relativismus könnte sich gegen die grundsätzlich kritische Behandlung von moralischen Prinzipien richten. Moralische Prinzipien stellen ein wichtiges Hilfsmittel im alltäglichen Leben dar und können auch dort hilfreich sein, wo ein „moralisches Sehen" nicht ohne weiteres möglich ist. Ich möchte damit die Bedeutung der moralischen Prinzipien nicht überbetonen, denn diese haben auch in der natürlichen Ethik eine untergeordnete Rolle – allerdings spielen sie eine Rolle.

Auch der Objektivitätsbegriff des nichtnaturalistischen Realisten scheint mir sehr vage zu sein. Wenn ein Gegenstand in seiner Existenz von der Erkenntnis abhängig ist, dann handelt es sich nach Auffassung eines ontologischen und erkenntnistheoretischen Realismus nicht um einen objektiven Gegenstand. Der Objektivitätsbegriff der natürlichen Ethik ist deutlich strenger, denn das objektiv Gute existiert unabhängig von der menschlichen Erkenntnis und wird natürlich auch nicht in Analogie zu einer sekundären Eigenschaft bestimmt.

Nachdem wir das Feld der derzeit wichtigsten metaethischen Theorien abgesteckt haben, können wir uns nun der Auseinandersetzung mit anderen normativen Ethiken zuwenden, um so auch die Tragfähigkeit der natürlichen Ethik zu prüfen.

5. Andere ethische Theorien

Nachdem ich im vorherigen Teil die wichtigsten metaethischen Theorien – Theorien, die den meisten normativen Ethiken zugrunde liegen – kurz zu erklären versucht habe, möchte ich jetzt in diesem Teil die wichtigsten Theorien der normativen Ethik vorstellen und aus der Perspektive der natürlichen Ethik kritisch untersuchen. Unter normativer Ethik versteht man eine Theorie, die das, was man tun und lassen soll, bzw. Gebote und Verbote, Werturteile etc. in einem systematischen Zusammenhang darzustellen versucht. Die natürliche Ethik ist ein Beispiel für eine normative Ethik, aber es gibt auch andere normative Ethiken, die von ganz anderen Voraussetzungen ausgehen als die natürliche Ethik und zu ganz anderen Ergebnissen über die Frage kommen, was gut und schlecht ist und was man dementsprechend zu tun hat. Im Folgenden möchte ich zunächst die heute, zumindest im angelsächsischen Raum, am meisten verbreitete ethische Theorie vorstellen, d. i. den Konsequentialismus bzw. den Utilitarismus. Daran anschließend stelle ich Ihnen die deontologischen Ethiken vor, die im direkten Widerspruch zum Konsequentialismus stehen und im deutschsprachigen Raum noch die Vorherrschaft beanspruchen können. Die Tugendethik, die in den vergangenen Jahrzehnten mehr und mehr Interesse geweckt hat und zu der besonders die aristotelische Ethik gerechnet wird, folgt im Anschluss. Meines Erachtens ist die Berufung auf Aristoteles durch die Tugendethiker aber nicht gerechtfertigt, doch dazu später mehr. Schließlich werde ich einiges zur Diskursethik sagen, die auf die deutschen Philosophen Jürgen Habermas und Karl-Otto Apel zurückgeht und deren Bedeutung weitgehend auf den deutschen Sprachraum begrenzt ist. Abschließend werde ich mich kritisch mit der sogenannten Neuen Naturrechtsethik (*New Natural Law Theory*) auseinandersetzen, die sich, wie auch die natürliche Ethik, auf Thomas von Aquin beruft, die allerdings die zentralen Elemente der thomistischen Ethik, nämlich die Annahme objektiver Wesenheiten und die Teleologie, ausdrücklich zurückweist.

Konsequentialismus

Der Begriff „Konsequentialismus" geht zurück auf Elisabeth Anscombe (1919–2001) (1958), die mit ihm ethische Theorien bezeichnete, die die Richtigkeit oder Güte einer Handlung ausschließlich oder fast ausschließlich von den Folgen, den Konsequenzen der Handlung abhängig machen. Zu den konsequentialistischen Ethiken gehören in erster Linie der Utilitarismus, der auf den Philosophen John Stuart Mill (1806–1873) zurückgeht, der erstmals die Auffassung vertrat, dass die Qualität einer Handlung danach zu beurteilen sei, welchen Gesamtnutzen diese erbringe. Es gibt zahlreiche Formen des Utilitarismus, die sich darin unterscheiden, *was* als der Nutzen einer Handlung verstanden werden sollte. Allen Formen des Utilitarismus oder allgemeiner des Konsequentialismus ist ein und dasselbe Prinzip gemein, nämlich das *Maximierungsprinzip*. Das, was als richtig oder gut betrachtet wird, muss maximiert werden. Wegen dieses Grundprinzips kann man diese verschiedenen Theorien auch unter dem Begriff des Konsequentialismus zusammenfassen. Für diese gilt also: Gut, moralisch richtig und somit geboten ist das, was im Ganzen betrachtet die besten möglichen Konsequenzen hat. Das Kriterium einer moralisch guten Handlung besteht also in der Maximierung guter Konsequenzen. Was diese guten Konsequenzen letztlich sind, darin unterscheiden sich die verschiedenen Theorien des Konsequentialismus. Der klassische Utilitarismus z. B. versteht die Lust oder Freude als das, was bei jeder Handlung maximiert werden müsse. Andere Theorien sprechen allgemein von der Wunscherfüllung oder von bestimmten Präferenzen, die zu maximieren seien (sogenannter Präferenzenutilitarismus), bzw. von der Erfüllung bestimmter Interessen von Menschen. Neuere Theorien gehen von einer Pluralität von Gütern aus, die grundlegend für ein „gutes Leben" seien. Wegen dieser großen Unterschiede der verschiedenen konsequentialistischen bzw. utilitaristischen Theorien über das, *was* maximiert werden sollte, werde ich im Weiteren die Begriffe „Konsequentialismus" und „Utilitarismus" als austauschbar behandeln, es sei denn, es wird bei bestimmten Punkten auf Unterschiede ausdrücklich hingewiesen. Das, worin sich alle moralischen Theorien des Konsequentialismus und Utilitarismus einig sind, ist das Maximierungsprinzip, nach dem der Wert einer Handlung vollständig abhängt von den Folgen der Handlung. Diese Auffassung steht in direktem Gegensatz zu den meisten anderen Theorien der Ethik, bei denen z. B. der Wert der Handlung vom Charakter des Handelnden abhängt oder vom intrinsischen Wert einer Handlung. So ist es auch nach Auffassung der natürlichen Ethik *intrinsisch* moralisch gut, die Wahrheit zu sagen, d. h. nicht zu lügen, unabhängig von den Folgen. Für einen Konsequentialisten kann es sogar geboten sein, zu lügen, wenn die Folgen dieser Lüge im Ganzen eines Kalküls einer Nutzen-Schaden-Berechnung besser sind als die Folgen der Wahrheit. Es gibt für die Konsequentialistin keine Werte oder Güter, die in sich selbst gut oder schlecht sind, sondern gut ist immer nur das, was die besten Folgen hat.

Der bekannteste Vertreter des Konsequentialismus in der Gegenwartsphilosophie ist der Australier Peter Singer, der zugleich einer der führenden Vertreter der sogenannten Tierethik ist. Singer ist auch über die engen Grenzen der philosophischen Fachwissenschaftler hinaus bekannt geworden durch seine Theorie, dass es moralisch gerechtfertigt sei, Kinder auch nach der Geburt zu töten, wenn diese z. B. schwer behindert sind und sowohl den Eltern als auch der Gesellschaft hohe Kosten verursachen. Wegen dieser Auffassung, die mit seiner utilitaristischen Ethik völlig konform ist, gab es Proteste von Behinderten in verschiedenen Ländern, in denen Singer zu Vorträgen eingeladen war. Singer argumentiert, dass die Folgen für die Eltern, die unter einem behinderten Kind sehr zu leiden haben, und die Folgen für die Gesellschaft – hohe Kosten des Gesundheitswesens, Einsatz zahlreicher Fachkräfte zur Betreuung und Therapie etc. – weit sinnvoller, d. h. nutzbringender eingesetzt werden könnten, um beispielsweise Kinder in Afrika vor dem Verhungern zu retten.

Ein Gedankenexperiment, das von einem der bekanntesten Vertreter des Konsequentialismus in Deutschland, Dieter Birnbacher (1995), erwähnt wird, kann verständlich machen, zu welchen kontraintuitiven Konsequenzen der Konsequentialismus führt. Das Gedankenexperiment stammt aus einer Zeit, in der in einigen südamerikanischen Staaten Militärdiktaturen herrschten, die oft mit Mitteln der US-Regierung oder der Geheimdienste am Leben erhalten wurden.

Ein amerikanisches Ehepaar besucht ein solches lateinamerikanisches Land und kommt in einen kleinen Ort, in dem eine Militäreinheit soeben eine Razzia durchgeführt hat. Zehn vermeintliche Rebellen wurden bereits an einer Mauer aufgestellt, um erschossen zu werden. Der leitende Offizier begrüßt nun die Amerikaner ganz herzlich und freut sich über ihren Besuch. Er schildert ihnen die Situation und fordert sie auf, aus Anlass ihres Besuches einen der Rebellen zu erschießen, woraufhin er dann aus Freude über den Besuch die anderen neun Rebellen freilassen werde. Sollten sie aber diesem Angebot nicht nachkommen, dann würden alle zehn Rebellen und sie selbst auch erschossen.

Für einen Konsequentialisten ist die Entscheidung in dieser Situation völlig klar: er erschießt einen der angeblichen Rebellen und rettet damit nicht nur sein eigenes Leben und das seiner Frau, sondern auch das Leben von neun anderen Personen, die möglicherweise unschuldig sind. Aus unseren Überlegungen zum Unterschied von Handeln und Unterlassen und den moralischen Prinzipien der natürlichen Ethik ist offensichtlich, dass es moralisch verboten ist, in diesem Fall einen Rebellen zu erschießen. Selbst wenn anschließend alle zehn angeblichen Rebellen erschossen werden, ist das Ehepaar daran unschuldig. Für den Konsequentialisten ist in diesem Fall hingegen die Unterlassung eine Schuld und die Erschießung eines Gefangenen moralisch gut.

Das Beispiel sollte nur der Verdeutlichung des Grundprinzips des Konsequentialismus dienen und verständlich machen, dass es zahlreiche Fälle gibt, in denen der Konsequentialismus zu kontraintuitiven Konsequenzen führt. Darauf wird von vielen Kritikern des Konsequentialismus hingewiesen (z. B. M. Quante [5]2013, 136), doch ist dies noch kein wirklich gutes Argument gegen den Konsequentialismus. Argumente gegen den Konsequentialismus richten sich auch gegen den Begriff der „Folgen“. So lässt sich nur sehr schwer vorhersagen, welche künftigen Folgen eine bestimmte Handlung hat.

Wenn wir das zuvor vorgestellte Gedankenexperiment aufgreifen, so könnte es sein, dass die Freilassung von neun Rebellen dazu führt, dass diese anschließend ein Dorf überfallen und alle 120 Bewohner töten oder dass sie in zwei Jahren andere schwere Verbrechen begehen. In diesen Fällen könnte es auch nach konsequentialistischem Kalkül möglicherweise besser gewesen sein, die zehn Rebellen zu erschießen. Für die Konsequentialistin sind nicht nur die unmittelbaren Folgen einer Handlung mit ins Kalkül zu ziehen, sondern auch spätere Folgen, die oft nicht klar erkannt werden können. Deshalb wurden in diesem wie in vielen anderen Punkten, die der Kritik ausgesetzt waren, Verbesserungsvorschläge von konsequentialistischen Ethikern eingeführt. Am weitetesten geht hier der sogenannte *Regelutilitarismus*, bei dem es sich nach Auffassung einiger Philosophen gar nicht mehr um einen Utilitarismus handelt (Quante [5]2013, 134f.). Der Regelutilitarismus macht die Qualität einer Handlung nicht allein von den Folgen abhängig, sondern auch von der Beachtung bestimmter Regeln und Normen, wodurch gewissermaßen wesentliche Elemente der deontologischen Ethik in die konsequentialistische Ethik aufgenommen werden, womit diese aber gerade aufhört, konsequentialistisch zu sein, d. h. aufhört, die Qualität der Handlung allein von den Folgen der Handlung abhängig zu machen.

Weitere kritische Einwände richten sich auf den Begriff des Nutzens in diesen ethischen Theorien, wodurch die Ethik gewissermaßen zu einer ökonomischen Theorie gemacht wird. Selten jedoch findet man in der Auseinandersetzung mit dem Konsequentialismus kritische Auseinandersetzungen mit dem Grundprinzip, dem Maximierungsprinzip (D. Oderberg 2005, 66ff.) Auf dieses möchte ich mich in der folgenden kritischen Auseinandersetzung besonders konzentrieren.

Wie dieses Prinzip genau bestimmt ist, sagt uns der Konsequentialist Dieter Birnbacher (Handbuch Ethik 2002, 96): „Unter den jeweils verfügbaren Handlungsalternativen ist für den Utilitarismus diejenige Handlung moralisch geboten, die absehbar das maximale Übergewicht der positiven über die negativen Folgen bewirkt (vorausgesetzt, diese verlangt vom Akteur keine heroische Anstrengung). Dieses Maximum ist rein summativ bestimmt. Geboten ist die Handlung, für die die Differenz aus der Summe des durch sie absehbar bewirkten positiven und der Summe des durch sie absehbar bewirkten negativen Nutzens größer ist als für alle anderen in der Situation möglichen Handlungen." Der in Klammern stehende Teilsatz ist nicht selbstverständlich, sondern eine gewisse Abmilderung des Maximierungsprinzips. Betonen möchte ich bei dieser Definition des Maximierungsprinzips die summative Berechnung der Handlungsfolgen, wobei die *maximalen* Folgen, sowohl in positiver als auch in negativer Hinsicht, ins Kalkül gezogen werden müssen. Eine Einschränkung, die heute üblich ist, wird durch das Wort „absehbar" in Bezug auf die Folgen gemacht. Niemand kann alle Folgen, besonders nicht fernliegende Folgen, bei seiner Abwägung berücksichtigen, obwohl dies optimal wäre.

Hier liegt ein erstes Problem des Konsequentialismus: Dieser ist der Überzeugung, dass die Handlungsfolgen in jedem Fall in der zuvor beschriebenen Weise berechnet werden können und dann dementsprechend gehandelt werden könne. Diese Berechenbarkeit der Handlungsfolgen muss prinzipiell für jeden Fall gelten, denn ansonsten gäbe es eine Lücke in der Theorie, weil der Entscheidungsprozess nicht in jedem Fall ein Ergebnis erbringen würde, das eine Handlung vorschreibt. Der Konsequentialist ist aber verpflichtet, für jede Situation eine richtige Antwort auf die Frage „Was soll ich tun?" zu geben. Dies gilt selbst für relativ unbedeutende Situationen des alltäglichen Lebens, z. B. welche Schuhe ich heute am besten anziehe oder welchen Topf ich zum Kochen der Kartoffeln nehme. Die Konsequentialistin kennt keinen Unterschied zwischen moralisch relevanten und moralisch indifferenten Handlungen, wie er bei den meisten anderen moralischen Theorien üblich ist. Dies stellt zweifellos für die meisten Menschen eine Überforderung dar und diese Überforderung liegt im Maximierungsprinzip selbst.

Jeder Handelnde hat eine umfassende Pflicht, das bestimmte Gut, nennen wir es X (da die genaue Bestimmung dieses X von der jeweiligen Theorie abhängt), zu maximieren, indem er genau eine einzige Handlung in einer bestimmten Situation wählt, die den insgesamt besten Zustand der Welt in dieser Situation hervorbringt, das ist der Zustand, in dem X am besten verwirklicht ist, bzw. der Zustand, der am meisten X beinhaltet. Wenn jemand eine suboptimale Handlungsoption wählt, ist er entsprechend dieser Theorie genauso schuldig, als wenn er gar nichts getan hätte. Ich habe das schon im letzten Teil in einem anderen Zusammenhang am Beispiel der Hilfe für einen Ertrinkenden verdeutlicht. Wenn wir annehmen, die optimale Rettung des Ertrinkenden bestehe darin, ins Wasser zu springen und ihn zu retten, der Retter aber stattdessen dem Ertrinkenden einen Schwimmreifen zuwirft, an dem er sich festhalten kann, um aus dem Wasser gezogen zu werden, dann ist diese Wahl schlechter als die optimale Wahl und ich bin in diesem Fall schuldig, ebenso wie wenn ich den Ertrinkenden ertrinken lasse. Die konsequentialistische Strafe mag in beiden Fällen unterschiedlich ausfallen, trotzdem bin ich auch schuldig geworden, wenn ich den Ertrinkenden durch einen Rettungsring aus dem Wasser hole.

Ein anderes Problem des Konsequentialismus betrifft den kalkulativen, fast mathematisch berechnenden Aspekt der Handlungsoptionen. Die Theorie geht davon aus, dass letztlich alles mit allem verglichen werden kann, um so zu einem Urteil darüber zu kommen, was den Wert X in einer bestimmten Situation am besten maximiert. Dies setzt voraus, dass alles letztlich quantifizierbar sei, und hier liegt auch eine wichtige ontologische Hintergrundannahme des Konsequentialismus, die auf ein szientistisches Weltbild hinweist.

Der Konsequentialismus wird häufig dafür kritisiert, dass in seiner Theorie die Persönlichkeit überhaupt keine Rolle spielt, bzw. dass die Theorie vollkommen neutral ist gegenüber den jeweils handelnden Personen. Die Konsequentialistin sieht darin gerade einen Vorteil ihrer Ethik. Nach Auffassung der Konsequentialistin hat jede Person genau die gleichen Verpflichtungen, nämlich dafür zu sorgen, dass der Wert X in jeder Situation maximiert wird.

Ich hatte schon gesagt, dass eines der größten Probleme des Konsequentialismus darin besteht, dass er nichts anerkennt, was in sich selbst moralisch gut oder böse ist. Zu lügen kann moralisch geboten sein, wenn dies X maximiert. Aber nicht nur zu lügen, sondern auch, wie wir zuvor gesehen haben, der Tod eines Menschen kann moralisch geboten sein, wenn dies X maximiert. Mit diesem Problem zusammenhängend gibt es für die Konsequentialistin keine Rechte. Nicht nur natürliche Rechte, wie sie in der natürlichen Ethik eine zentrale Rolle spielen, sondern auch Menschenrechte haben im Konsequentialismus keine Bedeutung und müssen auch aus theoretischen Gründen bestritten werden. So setzt ein Recht auf Leben und körperliche Unversehrtheit voraus, dass ein menschliches Leben ein Wert an sich ist und nicht nur in Relation zu einem Wert X wertvoll ist. Dies wird auch von bekannten Vertretern des Utilitarismus betont. So heißt es bei Peter Singer z. B.: „Ich bin nicht überzeugt, dass der Begriff eines moralischen Rechts hilfreich oder sinnvoll ist" ([2]1993, 96). An anderer Stelle heißt es: „Die Rede von Rechten ist eine zweckmäßige politische Kurzform. Sie ist eher nützlicher in der Epoche der zweiunddreißigsten TV News Clips" (1996, 8). Ein anderer bekannter Vertreter des Konsequentialismus, J.J.C. Smart, sagt: „[A]ber auch wenn er darüber unzufrieden sein könnte, muss der Utilitarist zugestehen, dass er die Konsequenz ziehen muss, dass er sich selbst in Umständen findet, in denen er ungerecht sein sollte" (1973, p. 71). Und um noch einen dritten bekannten Vertreter des Utilitarismus, John Harris, zu zitieren: „Ich akzeptiere nicht, dass es irgendwelche ‚absoluten' oder ‚natürlichen' Rechte gibt ... der Gebrauch des Wortes ‚Recht' dient meistens eher dazu, das Richtige und Falsche eines Problems zu verdunkeln, als es zu erhellen. (1985, xvi.).

Diese Hinweise mögen genügen, um die große Problematik dieser Ethik zu verdeutlichen, die fundamentale Konsequenzen hätte, Konsequenzen, die unser ganzes Leben verändern würden, wenn sie allgemeingültig würden (mehr dazu siehe D. Oderberg 2005, 66ff.). Bedauerlicherweise gibt es in den letzten Jahrzehnten verschiedene Anzeichen, die insbesondere im politischen und sozialen Bereich Aspekte des Konsequentialismus aufgreifen und damit für die Durchsetzung bestimmter politischer Positionen argumentieren.

Deontologische Ethik

Der Begriff „Deontologie“ hat nichts mit Ontologie zu tun, zumindest nicht unmittelbar (es sei denn, man unterstellt jeder Ethik bestimmte ontologische Voraussetzungen), sondern geht zurück auf das griechische Wort *„deon“*, was so viel wie *Pflicht* oder *das Gesollte* bedeutet. Der Begriff „deontologische Ethik“ stammt ursprünglich von dem britischen Philosophen C.D. Broad (1887–1971), der darunter ethische Theorien zusammenfasste, die in direktem Widerspruch zu den konsequentialistischen bzw. utilitaristischen Ethiken stehen, Theorien, die auch als *teleologische Ethiken* bezeichnen werden und bei denen, wie wir zuvor gesehen haben, die Konsequenzen einer Handlung das einzige Kriterium für den Wert einer Handlung sind. Da die deontologischen Ethiken im Gegensatz zu den teleologischen Ethiken stehen, spielen bei ihnen die Konsequenzen oder Folgen einer Handlung überhaupt keine oder nur eine untergeordnete Rolle bei der Bewertung der Qualität einer Handlung. Stattdessen steht bei dieser Art von Moralphilosophie der intrinsische Wert einer Handlung im Mittelpunkt. Eine Handlung ist moralisch gut oder böse aufgrund einer bestimmten Pflicht, die mit der Handlung erfüllt wird, unabhängig davon, ob die Pflichterfüllung gute oder schlechte Folgen hat. Daher werden deontologische Ethiken auch als Pflichtenethiken bezeichnet. Im deutschsprachigen Raum ist die Pflichtenethik weitgehend identisch mit der Moralphilosophie Immanuel Kants, der kantischen Ethik.

Der deontologische Ethiker schaut auf die Art der Handlung und fragt, ob diese Handlung moralisch geboten ist oder ob sie moralisch verboten ist. Ob eine Handlung geboten oder verboten ist, hängt aber nicht von den Konsequenzen der Handlung ab, sondern ist ein intrinsisches Merkmal der Handlung selbst. Wenn wir unser Beispiel der Lüge heranziehen, so ist nach Auffassung des deontologischen Ethikers Lügen immer und in allen Fällen verboten, weil dies gewissermaßen in der Natur dieser Handlung liegt, bzw. weil es die Pflicht gibt, nicht zu lügen. Die Begründung für das Verbot der Lüge unterscheidet sich also nicht nur von der konsequentialistischen Ethik, sondern auch von der natürlichen Ethik. In der natürlichen Ethik ist die Lüge verboten, weil sie, vereinfacht gesagt, der Vervollkommnung der menschlichen Natur schadet, sowohl der Natur des Lügners als auch besonders der Natur des Belogenen. Für den deontologischen Ethiker ist das Lügen verboten, weil es die Pflicht gibt, immer die Wahrheit zu sagen.

Bei Kant, aber auch bei anderen Ethikern, wird diese Pflicht aber weiter begründet, und zwar durch bestimmte Maximen des Handelns bzw. eine oberste Handlungsmaxime. Diese oberste Handlungsmaxime muss sich aus der autonomen Vernunft des Menschen ergeben, die den Menschen vom Tier unterscheidet. Erst durch die autonome Vernunft kommt dem Menschen die Würde zu, die ihn als frei handelndes Wesen auszeichnet. Da die Vernunft autonom ist, kann sie ihre Handlungsmaxime nicht von woanders herbekommen, sondern muss diese selbst frei aus sich selbst setzen. Der vernünftige Mensch ist sich selbst Gesetzgeber. Weder Gott noch ein übergeordneter Gesetzgeber kann deshalb die Grundlage der Moral sein. Der Mensch ist sich selbst Zweck, er ist gewissermaßen das höchste Ziel all seiner Handlungen. Auf dieser Grundlage bestimmt Kant als oberste Handlungsmaxime der Ethik den bekannten „*kategorischen Imperativ*". Dieser aus der autonomen Vernunft selbst gesetzte Imperativ, das oberste Gesetz meines Handelns, lautet, dass jede meiner Handlungen so sein sollte, dass die *Maxime* dieses Handelns zum allgemeinen Gesetz werden könnte. Oder in den Worten Kants: „Handle nur nach derjenigen Maxime, durch die du zugleich wollen kannst, dass sie ein allgemeines Gesetz werde" (I. Kant 1968, 421, 6). Meine Handlungen sollen nicht nur so sein, dass sich jeder andere Mensch daran orientieren könnte, um ebenso zu handeln, sondern sie sollen so sein, dass die *Maxime* dieser Handlung, die ich mir selbst setzen muss, zum *allgemeinen* Gesetz werden könnte. So könnte ich die vernünftige Maxime aufstellen, stets die Wahrheit zu sagen. Diese Maxime stellt dann eine unbedingte Pflicht dar, der ich in allen Situationen und unabhängig von allen möglichen Konsequenzen unbedingt folgen muss. Der kategorische Imperativ gebietet alle Handlungen, die *in sich selbst* gut sind und nicht durch ihren Bezug auf etwas anderes. Daher sind solche Gebote völlig unabhängig von bestimmten Situationen, von kulturellen, sozialen, historischen oder anderen Gegebenheiten. In Bezug auf den Mitmenschen ergibt sich die Maxime, dass man den Anderen nie bloß als Mittel, sondern stets als Selbstzweck behandeln soll. Wenn ich die Kassiererin im Supermarkt nur als Mittel sehe, um meinen Einkauf zu bezahlen, und sie nur in dieser Weise behandele, dann ist dies nach Kant moralisch böse. Da jeder Mensch Zweck seiner selbst ist und darin seine Würde besteht, muss jeder Mensch auch immer als Selbstzweck behandelt werden.

Kant nimmt in einer Formulierung des kategorischen Imperativs sogar Bezug auf das Naturrecht, allerdings in einer Weise, die dieses vollständig in sein Gegenteil verkehrt. Dort heißt es: „Handle so, als ob die Maxime deiner Handlung durch deinen Willen zum allgemeinen Naturgesetze werden sollte" (ibid., 421). Hier wird das Naturgesetz, also das Naturrecht, durch den Willen des Handelnden gesetzt. Das Naturgesetz folgt nicht aus der vorgegebenen Natur des Menschen, sondern es wird gesetzt durch den freien, autonomen Willen des Menschen.

Besonders in diesem Punkt, der Autonomie der menschlichen Vernunft und damit der Person selbst, und der sich daraus ergebenden Selbstgesetzgebung unterscheidet sich die deontologische und insbesondere kantische Ethik deutlich von der natürlichen Ethik. Denn wir sind nicht der Ursprung unserer eigenen Natur als Menschen, d. h. als rationale Sinnenwesen, und können dies auch niemals sein. Wir sind als solche vernunftbegabte Sinnenwesen erschaffen worden und finden uns als solche in dieser Welt vor. Daher kann es nicht sein, dass die Vernunft sich selbst ihre Gesetze gibt. Die Gesetze, unter denen der Mensch steht, sind Gesetze, die aus seiner rationalen Natur folgen und durch die diese Natur vervollkommnet wird. Thomas von Aquin thematisiert selbst die Frage, ob der Mensch Ziel seiner selbst ist, und bestreitet dies (S. Th. I-II 3.5). Er argumentiert, dass nur etwas, das außerhalb des Menschen liegt, sein Ziel sein kann, denn alle Dinge sind auf ein Gut gerichtet, das das letzte Ziel aller Dinge ist, und dies ist Gott.

Insbesondere die kantische Ethik und der kategorische Imperativ schließen jede subjektive Absicht ausdrücklich aus, und dies gilt auch für das höchste Ziel des Menschen, die Glückseligkeit. Wenn ich, so meint Kant, etwas Gutes tue, um dadurch glückselig zu werden, mindert dies die Qualität der guten Handlung. Dies ist für die kantische Ethik wichtig, denn sonst könnte ich mir z. B. als Maxime meines Handelns setzten, reich und vermögend zu werden (O. Höffe 2013, 70). Durch diesen Ausschluss aller subjektiven Intentionen glaubt Kant, eine objektive Ethik entwickelt zu haben, die allgemeingültig und sogar notwendig ist. Doch die Objektivität einer Ethik wird nicht dadurch gewährleistet, dass subjektive Absichten ausgeschlossen werden, sondern dadurch, dass die Grundlagen einer solchen Ethik in einer objektiven Ontologie liegen, wie dies bei der natürlichen Ethik gezeigt wurde. Eine sich selbst die Gesetze gebende Vernunft, auch wenn diese Gesetze allgemeingültig sein sollten, ist keine Grundlage für eine objektive Ethik. Allgemeingültigkeit ist etwas anderes als Objektivität.

Ein anderer kritischer Einwand gegen deontologische Ethiken und gegen die kantische Ethik im Besonderen bezieht sich auf die Universalisierung. Eine Pflicht gilt, wie gesagt, universal und in allen Umständen und Gegebenheiten. Kant selbst war sich dieser Problematik mehr oder weniger selbst bewusst. Diese Art der Universalisierung führt nämlich zu einem Rigorismus, der in einigen Fallbeispielen kontraintuitive Konsequenzen mit sich bringt. Kant selbst bringt dafür ein Beispiel anhand der Maxime, stets die Wahrheit zu sagen bzw. nicht zu lügen. Einen Freund, dessen Leben bedroht ist und der nur gerettet werden kann, wenn ich lüge, muss ich im Stich lassen, weil ich auf keinen Fall lügen darf, selbst wenn dies mit dem Tod des Freundes verbunden ist. Dies ist nur ein Beispiel von vielen Situationen, bei denen es einen moralischen Konflikt zwischen zwei konkurrierenden Pflichten geben kann. In der Ethik spricht man von „Doppelwirkung“ (vgl. M. Quante [5]2013, 133f.; D. Oderberg 2005, 88ff.). Auf der Grundlage der deontologischen Ethik gibt es hier nur die Möglichkeit, die Universalisierung der Gebote aufzugeben und damit die Theorie selbst in Frage zu stellen, oder den Rigorismus in Kauf zu nehmen.

Man kann das Problem der *Doppelwirkung* für den deontologischen Ethiker an einem allgemein bekannten Beispiel deutlich machen. Der Deontologe hat die Pflicht (wie alle anderen Menschen auch), menschliches Leben zu retten und nicht zu töten. Nun gibt es in der medizinischen Praxis Fälle, bei denen ein unheilbar kranker Mensch erhebliche Schmerzen erleidet, die mit Hilfe bestimmter Medikamente wie Morphium deutlich gemildert oder sogar beseitigt werden können. Morphium hat aber die bekannte „Doppelwirkung", dass es dazu führt, dass das Leben des Patienten verkürzt wird. Der Arzt steht hier also vor dem Problem, zu entscheiden, ob er das Leben des Patienten verkürzt, indem er dessen Schmerzen lindert, oder ob er die Schmerzlinderung zurückstellt, um nicht zum früheren Tod des Patienten beizutragen. Auf der Grundlage der Maxime, das Leben nicht zu verkürzen bzw. nicht zum Tod des Menschen beizutragen, kann der deontologische Arzt sich nur gegen die Gabe von Morphium entscheiden. Da dies aber dem Verständnis des gesunden Menschenverstands widerspricht, haben neuere deontologische Ethiker hier eine Unterscheidung eingeführt, die auch bei der natürlichen Ethik üblich ist, nämlich die Intention der Handlung. Der Arzt will nicht das Leben des Patienten verkürzen, sondern dessen unerträgliche Schmerzen lindern. Daher kann es gerechtfertigt sein, Morphium zu geben. Eigentlich kommt eine solche Überlegung, bei der die Intention eine wichtige Rolle spielt, wie dies bei der natürlichen Ethik selbstverständlich ist, für einen Deontologen nicht in Frage. Zudem ist auch diese Strategie mit Schwierigkeiten verbunden, auf die u. a. auch Michael Quante hinweist (vgl. M. Quante [5]2013, 133f.).

Gegen die menschliche Natur gerichtet ist auch die Auffassung Kants, dass nur eine Handlung bzw. ein Willensakt, der aus reiner Pflicht entspringt, moralisch gut sei. Jede Neigung, jedes positive Gefühl, das mit der Pflichterfüllung verbunden ist, und auch nur die Rücksicht auf einen Zweck, und sei es das Endziel des Menschen, mindert nach Kant den moralischen Wert einer Pflichterfüllung. Kant schließt ausdrücklich jede Beziehung eines Willensaktes bzw. einer Handlung zum Endziel des Menschen aus. Die Begründung der Moral ergibt sich in der natürlichen Ethik gerade umgekehrt aus der Ausrichtung der Handlungen auf ein Ziel und letztlich auf ein Endziel.

Diese autonome Moral Kants, bei der sogar die positive Neigung zu einer Pflichterfüllung negativ beurteilt werden muss, wurde selbst von einem Dichter verspottet, der ansonsten der kantischen Philosophie positiv zugewandt war, nämlich Friedrich Schiller:

Gewissensskrupel

Gern dien' ich dem Freund, doch tu ich es leider aus Neigung,
Und so wurmt es mich oft, dass ich nicht tugendhaft bin.

Entscheidung

Da ist kein anderer Rat, du musst suchen, sie zu verachten,
Und mit Abscheu dann tun, was die Pflicht dir gebeut.

Zum Abschluss noch ein positives Wort zur kantischen Einsicht, die auch allgemein für die deontologische Ethik gilt: Die moralische Qualität hängt primär vom Willensakt ab. Diese Auffassung ist durchaus zutreffend und wird von Kant gleich zu Beginn seiner Schrift *Grundlegung zur Metaphysik der Sitten* betont. Dies bedeutet, dass die Handlung selbst *qualitativ* nichts zum Willensakt hinzufügt. Die moralische Qualität einer Handlung, die durch den Willen befohlen wird, kommt ausschließlich aus der Qualität des Willensaktes bzw. der Intention. Der Willensakt hat einen Gegenstand und deshalb ist der Willensakt, die Intention, dasjenige, was jeden anderen Akt bestimmt, der auf die Erlangung dieses Gegenstandes gerichtet ist. Wenn mein Wille darauf gerichtet ist, einen anderen zu täuschen, um eines persönlichen Vorteils willen, dann ist der Willensakt moralisch böse, und dies gilt auch dann, wenn der andere meine Absicht erkennt und sich nicht täuschen lässt, und selbst dann, wenn ich durch bestimmte äußere Umstände daran gehindert werde, diese Absicht auszuführen. Das Gleiche gilt natürlich auch für Akte, die auf ein Gut gerichtet sind. Wenn ich die Absicht habe, einem Aufruf zum Blutspenden zu folgen, der Arzt mich aber aus gesundheitlichen Gründen abweist, habe ich gleichwohl etwas Gutes getan. Die Durchführung der Absicht, die Handlung, trägt qualitativ nichts zur moralischen Qualität bei. Dies bedeutet natürlich nicht, dass es keinen Unterschied zwischen Willensakten und Handlungen gäbe bzw. dass Absichten und Handlungen letztlich dasselbe wären.

Eine ausgeführte Absicht kann durchaus *quantitativ* etwas zur Intention hinzufügen, aber eben nicht qualitativ. So muss sich der Handelnde konzentrieren, um seine Absicht auszuführen; er muss verschiedene Mittel anwenden und sich möglicherweise körperlich und psychisch anstrengen. All dies bringt quantitativ etwas zur Intention hinzu, nicht jedoch qualitativ.

Wir werden später erneut auf bestimmte Formen der deontologischen Ethik zurückkommen. Die Diskursethik wie auch die sogenannte Neue Naturrechtsethik lassen sich als deontologische Ethiken verstehen (für eine kurze und klare Einführung in die deontologische Ethik siehe Andreas Müller in: J. S. Ach et al. [4]2016, 107ff.) Doch zunächst wende ich mich der Tugendethik zu.

Tugendethik

Etwa seit den 1980er Jahren entstand eine neue Bewegung in der philosophischen Ethik, die sich selbst als Tugendethik bezeichnet und die sich mit ihren ethischen Theorien von den zuvor genannten Moralphilosophien, dem Utilitarismus und den deontologischen Ethiken, absetzen will. Oft wird gesagt, dass diese Bewegung durch einen Aufsatz aus dem Jahre 1958 der englischen Philosophin Elizabeth Anscombe ausgelöst wurde, der sich kritisch mit der damaligen Moralphilosophie, insbesondere mit dem Konsequentialismus, auseinandersetzt und eine Rückbesinnung auf Aristoteles fordert. Daher berufen sich auch viele Tugendethiker auf Aristoteles. Dass sowohl Anscombe als auch Aristoteles keine Tugendethiker waren, wurde erst kürzlich in einer Studie nachgewiesen, die sich sehr kritisch mit der gegenwärtigen Tugendethik auseinandersetzt (J.J. Sanford 2015).

Aufgrund der sehr unterschiedlichen und z. T. gegensätzlichen Theorien der Tugendethiker ist es nicht ganz einfach zu sagen, was denn eigentlich die Tugendethik ausmacht. Ihr Ausgangspunkt ist die Kritik an der Pflichtenethik, wie sie auch von Anscombe in ihrem zuvor genannten Aufsatz vorgetragen wird. Tugendethiker lehnen es deshalb im Allgemeinen ab, Prinzipien zu formulieren, die in allen Situationen bestimmen, was zu tun ist. Sie lehnen damit zugleich die Universalisierung von moralischen Aussagen ab, da dies dazu führt, die konkreten Situationen, in denen Menschen tätig sind, zu vernachlässigen oder unbeachtet zu lassen. So ist es nicht in allen Fällen sinnvoll und hilfreich, einem bedürftigen Menschen Geld zu geben, z. B. wenn es sich um einen Alkoholiker handelt, der das Geld verwendet, um seine Sucht zu unterhalten. Prinzipienethiker beachten nach Auffassung der Tugendethiker solche Tatsachen nicht oder nicht ausreichend. Bei einem tugendhaften Menschen gibt es nach Auffassung dieser Theoretiker diese Probleme nicht. Ein tugendhafter Mensch handelt in verschiedenen Situationen immer tugendhaft, er achtet z. B. auf die Gerechtigkeit und gibt jedem das, was ihm zukommt. Dabei spielt die aktuelle Situation eine entscheidende Rolle. Das, was in einer konkreten Situation jeweils zu tun ist, kann nicht in allgemeinen Prinzipien formuliert werden, sondern nur durch Beispiele erläutert werden. Durch die Einübung der Tugenden tut der tugendhafte Mensch dann in jeder Situation das Angemessene und Richtige. Tugendethiker lehnen deshalb auch meist systematische Theorien ab, wie sie vom Konsequentialismus und von der kantischen Ethik entwickelt wurden. Allerdings gibt es hier auch Tugendethiker, die zumindest ansatzweise systematische Theorien entwickelt haben (Michael Slote 1992). Jedenfalls spielt der Handelnde und nicht die Bewertung der Handlung in der Tugendethik die zentrale Rolle.

Moralisch Handelnde orientieren sich bei ihrem Handeln nicht an Prinzipien. Dies ist ein weiterer wichtiger Punkt der Tugendethik in der Auseinandersetzung mit anderen ethischen Theorien (K. P. Rippe; P. Schaber [Hrsg.] 1998, 13; D. Borchers in: J. S. Ach ^{4}2016, 73ff.). Wenn ich vor der Frage stehe, ob ich in einer bestimmten Situation lügen soll oder die Wahrheit sagen muss, beruft sich der Kantianer auf das moralische Gesetz, nach dem Lügen in jedem Fall verboten ist, während der Konsequentialist sich fragt, welche Konsequenzen die Lüge bzw. die Wahrheit hat. Der Tugendethiker würde hingegen darauf hinweisen, dass der Wert der Tugend nicht aus der Handlung abgeleitet werden kann, sondern dass sich umgekehrt der Wert der Handlung aus der Tugend ergibt. Eine Handlung ist dann gut, wenn sie tugendhaft ist, oder mit Bezug zu unserem Beispiel: „Lügen ist schlecht, weil es unehrlich ist“ (ibid.). Die Tugend der Ehrlichkeit ist hier das Maß, nicht die Handlung. Die Tugenden sind das Primäre der Tugendethik, nicht die Handlung, aber auch nicht das Ziel bzw. das Endziel der Handlung.

Julia Annas hat versucht, einige grundlegende Elemente der Tugendethik zusammenzufassen (Julia Annas 2006, 515f.). Sie bezeichnet praktische Weisheit, Tugend und Entfaltung bzw. Wachstum (*flourishing*) als die Kernbegriffe der Tugendethik. Im Weiteren weist sie dann auf wichtige Unterschiede der klassischen, aristotelischen „Tugendethik“ zu den gegenwärtigen Tugendethiken hin und nennt dabei mehrere Kennzeichen für eine „reduktionistische Tugendethik“: (a) eine abgeschwächte Auffassung von der praktischen Vernunft, die nur in einer instrumentellen Art und Weise verstanden wird; (b) eine verengte Auffassung von menschlicher Entfaltung (*flourishing*), die dieses menschliche Wachstum oder, in unseren Worten, die Vervollkommnung unabhängig von den Tugenden versteht und damit in Richtung des Egoismus geht; (c) die Zurückweisung eines letzten Ziels des Menschen, das, wie wir gesehen haben, in der natürlichen Ethik bzw. in der aristotelisch-thomistischen Ethik ganz zentral ist; und schließlich (d) eine extreme Überbetonung der sozialen Einbettung der Tugenden.

Während für die klassische Ethik und die natürliche Ethik Tugenden Mittel darstellen, um das letzte Ziel, die Glückseligkeit, zu erlangen, stehen die Tugenden in der gegenwärtigen Tugendethik im Zentrum der Theorie. Dies führt aber dazu, dass die Theorie der Tugenden, die in der Antike entwickelt und im Mittelalter weiter entfaltet wurde, unstimmig wird. Dies hat Jonathan Sanford (2015, 126ff.) deutlich zu machen versucht, indem er nachweist, dass die gegenwärtige Tugendethik weder eine kohäsive noch eine umfassende und kohärente Moraltheorie darstellt. Diese Kritik wird auch von anderen geteilt (K.P. Rippe, P. Schaber [Hrsg.] 1998, 14ff.).

Weitere Einwände gegen die Tugendethik beziehen sich auf die Überbewertung des Handelnden bzw. von dessen Charakter über die Handlung. Man bewertet bei der Beurteilung moralischer Tatsachen nicht nur den Charakter eines Menschen, sondern auch die Handlungen dieses Menschen, und beides muss nicht in jedem Fall identisch sein (ibid.). Der Tugendethiker kann diese Kritik nicht dadurch beantworten, dass er darauf hinweist, dass eine Person nur dann tugendhaft handelt, wenn sie richtig handelt, denn dann würde die Tugend zu einer nachrangigen Größe.

Gegen die Tugendethik wurde auch eingewandt (ibid., 15), dass sie in konkreten praktischen Fragen wie Abtreibung, Sterbehilfe, Fragen der Sexualethik etc., die aktuell diskutiert werden, keine Orientierung zu bieten vermag. Der Tugendethiker, so die Kritik, kann dazu nur sagen, dass man in diesen Fragen so handeln muss, wie ein tugendhafter Mensch handeln sollte, doch ist damit keine konkrete Orientierung gegeben. „Um also wissen zu können, was ein tugendhafter Mensch in einer gegebenen Situation tun würde, müssen wir vorher die moralische Qualität der infrage stehenden Handlungen (z. B. des Abtreibens eines Fötus) bestimmen" (ibid.).

Ein weiterer Punkt der Kritik, den ich noch erwähnen möchte, betrifft die extreme Betonung des Wohlwollens in der modernen Tugendethik, das keinerlei Bezug zur klassischen aristotelisch-thomistischen Ethik bzw. zur natürlichen Ethik hat und eher dem Mainstream entspringt. Gelegentlich wird diese Tugend in Verbindung gebracht mit der christlichen Caritas bzw. der Liebe, doch ist das Wohlwollen bestenfalls eine säkularisierte Caritas, und diese von ihrem christlichen Hintergrund abzulösen führt zu einem altruistischen Verständnis des Wohlwollens (vgl. J. Sanford 2015, 168). Sowohl Aristoteles als auch Thomas von Aquin sehen die Freundschaft als eine der wichtigsten Tugenden. Freundschaft ist für Thomas die Quelle und der Gipfel der gesamten Ethik, wobei es die Freundschaft Gottes mit uns ist, die alle echten Tugenden erst möglich macht, und die Vertiefung dieser intimen Freundschaft das Ziel des menschlichen Lebens darstellt. Doch dies ist etwas völlig anderes als die Vorstellung der Tugendethiker vom allgemeinen Wohlwollen gegen alle Menschen, das eine säkularisierte humanistische Tugend darstellt, die die anderen Tugenden der Tugendethik vereinheitlichen soll. „In anderen Worten: sie wollen eine Art von universal anwendbarem Altruismus, keine Freundschaft" (ibid.).

Doch ein solcher Begriff des Wohlwollens ist, im Unterschied zur aristotelisch-thomistischen Freundschaft, inkohärent. Nach aristotelischer Auffassung muss jede Liebe notwendigerweise aus der Eigenliebe hervorgehen. Auch der Begriff der Liebe, der heute extrem inflationäre Verwendung findet und fast durchgängig als Emotion verstanden wird, hat mit dem klassischen Verständnis der Liebe kaum noch Gemeinsamkeiten. Liebe ist nach Thomas ein Willensakt (der mit einer Emotion verbunden sein kann oder auch nicht), der auf ein Objekt gerichtet ist. Dieses Objekt, besser gesagt, dieser Mensch muss wahrnehmbar sein und die Liebe will das Gute für diesen wahrnehmbaren Anderen. Die Liebe will zur Entfaltung und Vollendung des Anderen beitragen, wobei hier der Begriff des Guten, wie er in den vorangegangenen Kapiteln entfaltet wurde, von zentraler Bedeutung ist. Man kann nach aristotelischem Verständnis keine Liebe für jemanden haben, der nicht wahrnehmbar ist. Sogenannte „Fernstenliebe“, die heute oft gemeint ist, wenn man von „Nächstenliebe“ spricht, ist für Aristoteles und Thomas von Aquin nicht denkbar, bzw. es handelt sich nicht wirklich um Liebe, sondern um ein altruistisches Wohlwollen. Diese heute sowohl in der modernen Tugendethik als auch in der kantischen und utilitaristischen Ethik so beliebte Art der säkularisierten Caritas gibt es weder bei Aristoteles noch im Mittelalter und auch nicht in der natürlichen Ethik. Aus unserer Perspektive ist der Begriff des Wohlwollens inkohärent und kann nicht das leisten, was sich Tugendethiker (und andere) davon versprechen. Für Aristoteles und Thomas ist es die Freundschaft, die alle anderen Tugenden vervollkommnet, und dies gilt besonders von der Tugend der Gerechtigkeit. Ohne Freundschaft ist die Gerechtigkeit oft hart, spröde und kalt. Erst in Verbindung mit der Freundschaft wird die Gerechtigkeit barmherzig.

Diskursethik

Die Entstehung der Diskursethik wird allgemein mit einem Vortrag von Karl-Otto Apel aus dem Jahre 1967 mit dem Titel *Das Apriori der Kommunikationsgemeinschaft und die Grundlagen der Ethik* (K.-O. Apel

1973, 358–435) in Verbindung gebracht. Der zweite wichtige Vertreter der Diskursethik ist der Sozialphilosoph der *Frankfurter Schule*, Jürgen Habermas. Diese Theorie der Ethik spielt vor allem im deutschsprachigen Raum eine bedeutendere Rolle, weshalb sie hier auch behandelt werden soll. International wird die Diskursethik kaum rezipiert.

Die Diskursethik lässt sich den deontologischen Ethiken zuordnen und hat auch eine unübersehbare Nähe zu Kant, doch hat sie den in den 1960er Jahren einsetzenden *linguistic turn* aufgegriffen und mit der Hermeneutik verbunden, d. h., in der Diskursethik steht die Sprache, der Diskurs im Zentrum und nicht mehr, wie bei Kant, das Bewusstsein. Gemeinsam mit anderen deontologischen Ethiken hat die Diskursethik einen universalen Anspruch mit einem obersten Moralprinzip, das als Modifikation des kantischen kategorischen Imperativs verstanden wird. „Der Diskursethik zufolge ist es nicht hinreichend, dass *ich* – d. h. das jeweilige Handlungssubjekt – wollen kann, meine Maxime solle ein allgemeines Gesetz werden. Wir *alle* – d. h. alle Vernunftsubjekte und zumal diejenigen, die von der Maximenbefolgung betroffen sind – müssen die jeweilige Handlungsmaxime als ein allgemeines Gesetz wollen können“ (Mica H. Werner 2002, 141). Dieses Wollen, dass die Maxime zum allgemeinen Gesetz wird, wird verstanden als Zustimmung im „Rahmen eines unbeschränkten, zwanglosen argumentativen Diskurses“ (ibid.). Die Diskursethik versucht also die moralische Frage, woran wir uns in jeder Situation bei unserem Handeln orientieren sollen, dadurch zu beantworten, dass sie auf die Praxis des Diskurses Bezug nimmt und gewissermaßen Regeln erarbeitet bzw. eine universale Maxime herausarbeitet, nach der durch einen Diskurs die Frage beantwortet werden kann. Durch die Bezugnahme auf konkrete rationale Diskurse wird ein Prinzip entwickelt, und zwar ein solches Prinzip, das niemand rational bestreiten kann, wenn er sich nicht in Selbstwidersprüche verwickeln will, und das er deshalb anerkennen muss, wenn er überhaupt einen Diskurs führen will. Inhaltlich ist diejenige Handlung moralisch richtig, der alle Teilnehmer eines solchen Diskurses zustimmen könnten. Dies gilt nun nicht nur für den Fall, dass mehrere Personen über eine Frage unterschiedlicher Auffassung sind, obwohl die Diskursethik vor allem eine sozialethische Theorie darstellt, sondern auch, wenn ich mich persönlich frage, wie ich unter bestimmten gegebenen Umständen handeln soll. In diesem Fall muss ich dann einen inneren Diskurs mit mir selbst führen.

Das Handlungsprinzip bzw. das allgemeine Moralprinzip ist, wie auch bei Kant, kein inhaltlich bestimmtes Prinzip – wie z. B. das oberste Prinzip der natürlichen Ethik, dass man das Gute tun und das Böse meiden soll –, aus dem sich alle anderen moralischen Gebote mehr oder weniger deduktiv ableiten lassen. Das diskursethische Prinzip ist ein rein formales Prinzip, das bestimmt, wodurch eine moralisch richtige Handlungsorientierung grundsätzlich ausgezeichnet ist. Alle anderen moralischen Gebote, wie das Verbot zu lügen oder zu stehlen etc., werden durch das allgemeine Moralprinzip daraufhin geprüft, ob sie moralisch richtig sind. Hier liegt ein Unterschied zu Kant vor, der unbedingt verbindliche moralische Gebote anerkennt. Die Gebote sind nicht in sich selbst gut oder böse, sondern erst durch ihre Begründung durch die oberste Maxime der Diskursethik.

Das diskursethische Moralprinzip lässt sich folgendermaßen formulieren: Man soll *„stets so [...] handeln, dass alle Vernunftwesen (und zumal alle von der Handlungsweise potenziell Betroffenen) dem jeweils gewählten Handlungsgrundsatz in einem unbegrenzten argumentativen Diskurs zustimmen könnten*“ (ibid.). Entscheidend für jede deontologische Ethik und damit auch für die Diskursethik ist nun die Begründung dieses Prinzips. Es reicht nicht aus, gute Argumente für dieses Prinzip anzugeben, sondern es ist eine unbedingte und nicht bestreitbare Begründung zu geben, der jeder zustimmen muss und durch die sich jeder verpflichtet fühlt, diesem Moralprinzip zu folgen. Dies geschieht durch eine indirekte Begründung, die zu zeigen versucht, dass jeder, der dem Prinzip widerspricht, sich selbst widerspricht, dass es also sinnlos ist, die Verbindlichkeit des Moralprinzips in Frage zu stellen. Allerdings ist diese indirekte Methode der Begründung in der Philosophie und Wissenschaftstheorie umstritten und auch Diskursethiker haben unterschiedliche Interpretationen der Methode vorgeschlagen.

Die Methode der Begründung des Moralprinzips, die auch als diskursreflexiv-sinnkritisch bezeichnet wird, geht so vor, dass mit der Methode demjenigen, der Einwände gegen das Prinzip vorbringt, ein Selbstwiderspruch nachgewiesen wird. Man kann diese Methode verdeutlichen, indem man auf ein Beispiel verweist (M. H. Werner, ibid., 142f., bringt hier einen fiktiven Dialog um zu zeigen, wie diese Begründung vor sich geht): Wenn jemand bestreitet, dass es überhaupt Wahrheit gibt, dann macht man ihn auf den Widerspruch aufmerksam, der zwischen dem, was er sagt („Es gibt keine Wahrheit"), und dem, was er tut (er beansprucht, dass dieser Satz wahr sei), besteht. Ebenso kann man nach Auffassung der Diskursethiker das diskursethische Handlungsprinzip („Handle stets so, dass alle Vernunftwesen und besonders diejenigen, die von dem Handlungsgrundsatz betroffen sind, in einem unbegrenzten, herrschaftsfreien und argumentativen Diskurs zustimmen würden") begründen, indem man die Person, die dieses Prinzip *theoretisch* bestreitet, darauf hinweist, dass sie *praktisch* dem Prinzip nicht widersprechen kann, weil sie sich dann selbst widerspräche. Jeder, der an einem Diskurs teilnimmt, muss Regeln akzeptieren, die für den Diskurs allgemein gelten. Werden diese Regeln bestritten, dann ist ein Diskurs überhaupt nicht möglich.

Ich möchte es bei diesen kurzen Ausführungen zur Theorie der Diskursethik bewenden lassen (eine gute Einführung findet sich in dem schon erwähnten Beitrag von Micha H. Werner im *Handbuch Ethik*) und einige kritische Anmerkungen hinzufügen. Da es sich bei der Diskursethik um eine deontologische Ethik handelt, treffen die meisten Kritikpunkte, die ich in dem Zusammenhang genannt habe, auch hier zu. Allerdings führt die Diskursethik nicht zu dem Rigorismus der kantischen Ethik, weil es in der Diskursethik keine Gebote gibt, die immer und in jedem Fall zu befolgen sind (M. H. Werner 2002, 141).

Die Diskursethik ist trotz ihrer Betonung der Praxis und der praktischen Begründung des obersten Prinzips eine stark intellektualistische Ethik, bei der zudem die Bedeutung der Sprache eine herausragende Stellung einnimmt. Die Teilnahme an einem Diskurs im Sinne der Diskursethik fordert von den Personen ein hohes Maß an Rationalität und sprachlichen Fähigkeiten, wodurch von vornherein nicht wenige Personen von der Teilnahme ausgeschlossen sind und damit aber zugleich auch von einem moralischen Leben im Sinne der Diskursethik. Wegen dieser hohen Ansprüche an einen unbegrenzten, herrschaftsfreien (Habermas), argumentativen Diskurs, der immer nur ein Ideal bleibt und praktisch nicht realisierbar ist, ist diese Ethik in der Praxis kaum durchführbar. Dies gilt nicht nur für zahlreiche Konflikte im sozialen und politischen Raum, sondern ebenso für praktische Entscheidungen in moralisch relevanten Situationen des persönlichen Lebens. Zu diesem Bereich der Individualethik gibt es verhältnismäßig wenige Veröffentlichungen der Diskursethiker, ebenso wie zu dem gesamten Bereich der angewandten Ethik, wie der Bioethik oder der Medizinethik.

Am wichtigsten scheint mir aber zu sein, dass auch die Diskursethik, wie jede deontologische Ethik, Ziele und Zwecke, die ein zentrales Element für die Motivation zu moralischem Handeln sind, mehr oder weniger vollständig ausklammert. Handelnde Personen verfolgen bei ihrer Tätigkeit vor allem Ziele und Zwecke. Dies wird von den Diskursethikern nicht bestritten und jeder kann im Diskurs seine Ziele und Zwecke verfolgen, sofern er sich an die Maxime hält, doch diese Ziele und Zwecke selbst werden in der Theorie nicht thematisiert. Die Diskursethik bleibt auch hier rein formal, wie jede deontologische Ethik. Die Ethik ist aber auch die Theorie des guten Lebens, zumindest sollte sie das sein. Wir wollen wissen, was wir tun sollen, um glücklich zu leben, um ein erfülltes, sinnvolles Leben zu führen. Wir wollen wissen, welche Ziele und Zwecke gut sind, was das Gute selbst ist, das wir anstreben sollen. Das Gute im Sinne der Diskursethik ist das, was in einem „unbegrenzten, argumentativen Diskurs von Vernunftwesen von allen akzeptiert wird". Ob dies allgemein Akzeptierte aber auch wirklich gut ist, wird von der Diskursethik nicht beantwortet, weil sie sich jeder materialen Aussage enthält und nur ein Verfahren anbietet, wie man zu Lösungen in Konfliktsituationen kommt. Zudem werden die Ziele und Zwecke des Menschen in der Diskursethik oft auf Bedürfnisse und Interessen (Habermas) reduziert.

Neue Naturrechtsethik

In den 1960er Jahren entwickelte Germain Grisez in den USA eine neue Interpretation des Naturrechts, die zugleich die überlieferte Interpretation der Scholastik und Neuscholastik kritisierte und mit dem Anspruch auftrat, dass diese Neuinterpretation der aristotelisch-thomistischen Theorie des Naturrechts besser entspreche. Diese neue Interpretation wurde in den kommenden Jahrzehnten von verschiedenen Philosophen, besonders in der Rechtsphilosophie und Ethik, aufgegriffen und weiterentwickelt. Die bekanntesten Vertreter dieser sogenannten „Neuen Naturrechtstheorie" *(New Natural Law Theory)* sind John Finnis (1980), Joseph Boyle (1987) und Robert George (1992). In ihren Veröffentlichungen beziehen sie sich explizit auf Aristoteles und Thomas von Aquin und auf das Naturrecht. Dadurch haben diese Autoren eine zumindest scheinbare Nähe zu der hier vorgestellten natürlichen Ethik, die im Prinzip nichts anderes ist als die klassische Naturrechtsethik der aristotelisch-thomistischen Tradition der Neuscholastik. Ich werde deshalb im Folgenden versuchen, die Neue Naturrechtstheorie (NNT) ganz kurz vorzustellen und sie von der klassischen Theorie des Naturrechts bzw. von der natürlichen Ethik abzugrenzen, auch wenn die NNT nach wie vor und insbesondere im deutschen Sprachraum eine untergeordnete Bedeutung hat (der bekannteste deutschsprachige Vertreter der NNT ist Martin Rhonheimer [2001]).

Die NNT ist im Unterschied zur klassischen Naturrechtstheorie der Auffassung, dass Wesenheiten nicht erforderlich seien, um diese Theorie zu erklären. Die Naturrechtstheorie kann ihrer Auffassung nach nicht aus der Metaphysik oder der Anthropologie bzw. aus der Natur des Menschen abgeleitet werden (Finnis 1983, 17–22). Der Hintergrund dieser Auffassung ist der Versuch der NNT, den sogenannten „naturalistischen Fehlschluss" im Sinne von David Hume (und in anderer Form von J.E. Moore) zu umgehen. Finnis und andere Vertreter der NNT sind nämlich der Überzeugung, dass in der klassischen Variante des Naturrechts das Argument des naturalistischen Fehlschlusses gültig sei. Ich habe im ersten Teil dieses Buches gezeigt, dass dies nicht der Fall ist. Eine weitere Folge des Ansatzes der NNT ist ein verändertes Verständnis des Guten. Obwohl ganz offensichtlich ist, dass für Thomas von Aquin das Gute und das Sein sehr eng miteinander verbunden sind – Sein und Gutsein sind austauschbare Begriffe –, tut Finnis so, als ob dies nicht der Fall wäre (Veatch 1990, 293). Wenn aber die Natur des Menschen und die aus dieser Natur sich ergebenden Ziele und Zwecke keine Grundlage für die Ethik darstellen, dann kann man meines Erachtens gar nicht mehr von einer Naturrechtsethik sprechen.

Gleichwohl ist die NNT eine teleologische Ethik, d. h., die menschlichen Handlungen ergeben sich aus bestimmten Zielen, auf die sie gerichtet sind. Das Ende des moralischen Prozesses besteht in der Erlangung dessen, was Finnis „*flourishing*" nennt und das sich vielleicht mit „Entfaltung" übersetzen lässt. Finnis bezieht diesen Begriff ausdrücklich auf das, was bei Aristoteles *eudaimonia* heißt, und er versteht darunter: „als ein menschliches Wesen gut zu funktionieren", was auch die Übersetzung des thomistischen Begriffs *beatitudo* sein soll, also der Glückseligkeit. Gemeint ist bei Finnis die „integrale menschliche Erfüllung" (Finnis 1984, 23f.).

Finnis wendet sich insbesondere gegen das, was er den „Reduktionismus" in der normativen Ethik nennt. Damit meint er die theoretische Erklärung moralischer Begriffe durch eine metaphysische und kognitive Grundlegung (A.J. Lisska 1996, 142). Darin sieht er den Naturalismus in der Ethik begründet, dass eine solche Ethik moralische Urteile auf bestimmte Eigenschaften in der natürlichen Welt reduziert, also genau das, was wir in der natürlichen Ethik getan haben. Unsere natürliche Ethik bzw. die klassische Naturrechtsethik ist damit nach Auffassung Finnis' naturalistisch. So weist Finnis explizit die philosophische Anthropologie zurück, die üblicherweise mit dem Naturrecht eng verbunden ist (ibid., 143). Nach der klassischen Naturrechtstheorie kann man die Ziele und Zwecke nicht anders als durch die Bestimmung des Wesens, der Natur des Menschen bestimmen. Aus der Natur des Menschen ergeben sich bestimmte Dispositionen, bestimmte Potenzen, die eine notwendige Bedingung dafür sind, was zur Erfüllung der menschlichen Natur erforderlich ist. Daraus ergibt sich die echte, von uns betonte Objektivität der natürlichen Ethik. Indem Finnis diese objektive Grundlage der Ethik in der Natur des Menschen zurückweist, bedarf er, um nicht bei der Bestimmung der Ziele und Zwecke des Menschen in einen Subjektivismus zu verfallen, einer anderen Art von Objektivität (Finnis 1983, 10). Anstatt von der Natur des Menschen spricht Finnis von Objektivität in Bezug auf das Gute bzw. die Güter der menschlichen Existenz, ohne allerdings, soweit ich sehe, diese Objektivität weiter zu begründen. Er verweist dazu auf das, was auch bei Thomas als durch sich selbst bekannt (*per se nota*) bezeichnet wird. Hier kommt das oberste und selbstevidente Prinzip bei Thomas ins Spiel, das für die NNT eine herausragende Rolle spielt, dass man das Gute tun und das Böse unterlassen soll. Dies ist das oberste und durch sich selbst bekannte Prinzip, auf das die NNT aufbaut. Während dieses oberste Prinzip der Ethik bei Thomas auf einem natürlichen Begriff des Guten beruht, der sich aus der Natur des Menschen ergibt, wird das oberste Prinzip bei der NNT nicht weiter zurückgeführt (Stichwort: Reduktionismus), sondern steht für sich selbst. Finnis behauptet sogar, dass, da dieses oberste Prinzip selbstevident ist, es nicht auf natürliche Tatsachen reduzierbar sei.

Man könnte hier die Frage stellen, wie Aristoteles und Thomas von Aquin auf Finnis antworten würden (so A.J. Lisska 1996, 148). Sie würden zweifellos darauf hinweisen, dass das Wesen des Menschen bedeutsam ist, um eine moralische Theorie zu entwickeln. Die Dispositionen bzw. Potenzen sind die Grundlage für die Ziele und Zwecke des Menschen, auf deren Erfüllung die Tätigkeiten gerichtet sind. Das ganze zweite Kapitel dieses Buches zeigt, welche zentrale Bedeutung die Natur des Menschen, seine Ziele und Zwecke, die sich aus dieser Natur ergeben, und damit der Begriff des Guten für die Entwicklung einer normativen Ethik haben. Zuerst ist es erforderlich, die metaphysischen Grundlagen, insbesondere die Theorie der Wesenheiten, zu entwickeln, und nur dann, in einem zweiten Schritt, ist der Philosoph in der Lage, eine normative Theorie der Ethik zu entwickeln, die wirklich ein objektives Fundament besitzt. Der bloße Verweis auf bestimmte selbstevidente Prinzipien und Ziele und Zwecke, die von den meisten Menschen anerkannt werden (Finnis nennt sieben solcher grundlegenden Ziele des Menschen, wie z. B. Leben), ist nicht ausreichend, um eine normative Ethik zu begründen. Ein anderes Problem, das damit zusammenhängt, besteht darin, dass die grundlegenden Güter (*basic goods*) der NNT nicht hierarchisch geordnet sind, da es kein höchstes Gut gibt, wie im klassischen Naturrecht, wo Gott das höchste und letzte Gut darstellt (eine ausführliche Kritik der NNT findet sich in S.J. Jensen 2015).

Alles in allem scheint mir die Neue Naturrechtstheorie keine Alternative zum klassischen Naturrecht darzustellen, da sie die entscheidenden Grundlagen des Naturrechts, die Theorie der Wesenheiten und die daraus folgende Teleologie, ablehnt. Die Gründe für die Entwicklung der NNT, nämlich die Argumente gegen das klassische Naturrecht, insbesondere um den Vorwurf des naturalistischen Fehlschlusses zu umgehen, sind keine Gründe, wie ich zu zeigen versucht habe. Das klassische Naturrecht lässt sich gegen diese Einwände verteidigen.

6. Angewandte Ethik

In diesem letzten Teil meines Buches möchte ich versuchen, die Ethik, wie sie in ihren Grundlinien in den vorangegangenen Kapiteln entwickelt wurde, auf verschiedene Probleme und moralische Fragestellungen anzuwenden. Dabei handelt es sich freilich nicht um eine technische Anwendung, wie bei einer Gebrauchsanweisung. Man spricht heute auch gelegentlich von bereichsspezifischer Ethik (Handbuch 243), um den Unterschied zu ethischen Theorien zu betonen. Hier wird die natürliche Ethik, die zuvor entwickelt und mit anderen Theorien in Auseinandersetzung gebracht wurde, auf konkrete Fragestellungen angewendet. Solche angewandten oder bereichsspezifischen Ethiken sind z. B. die Wirtschaftsethik, die Bioethik, die Medienethik, die Medizinethik oder die Sexualethik. Leider findet man heute zahlreiche Veröffentlichungen zu diesen Bereichsethiken, die den jeweiligen Bereich thematisieren, ohne dass dabei die theoretischen Grundlagen geklärt sind. Gelegentlich werden verschiedene ethische Theorien kombiniert oder die konkreten moralischen Fragen werden geradezu technisch abgehandelt. Angewandte Ethik ist nicht möglich, ohne eine entwickelte ethische Theorie, die ihrerseits wieder ein ontologisches bzw. metaphysisches Fundament hat. Dieses ontologische Fundament muss eine *realistische* Grundlage bieten, auf der moralische Probleme diskutiert werden können, unabhängig von persönlichen, subjektiven oder ideologischen Vorgaben. Wir wollen wissen, was objektiv richtig ist, nicht, was die Meisten für richtig halten. Ich glaube, dass dies durch die natürliche Ethik gewährleistet werden kann.

Die angewandte Ethik ist nicht zu verwechseln mit dem konkreten Einzelfall. Es gibt in den verschiedenen moralisch relevanten Bereichen sehr ausgefallene konkrete Fälle, die auch nicht von der angewandten Ethik abgedeckt werden können und dann in konkreten Fallanalysen gelöst werden müssen. Dies nennt sich *Kasuistik*. Für den Zusammenhang von natürlicher Ethik und Kasuistik gilt, dass es bestimmte moralische Prinzipien gibt, die bereits früher z. T. genannt wurden, von denen in keinem Einzelfall dispensiert werden kann, während andere Prinzipien weniger fundamental sind, weshalb diese in bestimmten Fällen außer Kraft gesetzt werden können.

Im Folgenden möchte ich mich auf drei Gebiete beschränken und auch zu diesen drei Gebieten nur eine grobe Skizze geben, da der Raum für eine umfassendere Erörterung hier nicht gegeben ist. Ich wähle zu diesem Zweck besonders umstrittene Themen aus der gegenwärtigen Ethikdebatte, nämlich die Sexualethik und die Themen Abtreibung und Euthanasie. Diese Themen sollen vor dem Hintergrund der realistischen und objektiven natürlichen Ethik behandelt werden. Insbesondere geht es darum, diese Themen argumentativ zu durchdringen, was leider durch die häufig, v. a. in der Öffentlichkeit emotional geführte Debatte nicht der Fall ist.

Sexualethik

Die Sexualität folgt aus der Natur des Menschen als eines rationalen Sinnenwesens. Sie gehört zu den Vermögen oder Neigungen – in scholastischer Terminologie, zu den Potenzen – des Menschen. Wie jede natürliche Potenz ist auch die Sexualität auf ein Ziel gerichtet, nämlich die Fortpflanzung. In dieser Hinsicht unterscheidet sich die menschliche Sexualität nicht von der tierischen. Allerdings wird die menschliche Sexualität durch Rationalität und Willen überformt und deshalb spielt für die menschliche Sexualität die Liebe eine zentrale Rolle, durch die sie sich von der tierischen Sexualität grundlegend unterscheidet. Bei der Liebe im allgemeinen Sinne handelt es sich nicht in erster Linie um ein Gefühl – ein Missverständnis, das heutzutage sehr viel Schaden verursacht –, sondern um einen Akt des Willens. Dieser besteht darin, dem Anderen, dem Nächsten etwas Gutes tun zu wollen, für den Anderen das Beste zu wollen. Diese Grundbestimmung der Liebe findet sich in allen Akten der Liebe, sei es in der Liebe der Eltern zu ihren Kindern, der Liebe in der Freundschaft oder der ehelichen Liebe. Allerdings unterscheiden sich diese verschiedenen Arten der Liebe deutlich voneinander und deshalb ist Liebe ein analoger Begriff, ein Begriff, der nicht in gleicher Weise auf alle Akte angewandt werden kann.

Das primäre Ziel bzw. der primäre Zweck der Sexualität ist die Fortpflanzung. Diese dient ihrerseits der Erfüllung, der Vervollkommnung der Person im früher erklärten Sinne. Die Fortpflanzung trägt wesentlich zur Erfüllung der menschlichen Natur bei. Damit ist bereits die Grundlage für die gesamte Sexualethik angedeutet, denn alle sexualethischen Gesetze folgen aus diesem Zweck. So wie der Zweck der Ernährung die Selbsterhaltung des Menschen ist, ist der Zweck der Sexualität die Fortpflanzung und damit die Erhaltung der Art. Dies gilt nicht nur für das Tier- und Pflanzenreich, sondern ebenso für den Menschen. In der heutigen sexualethischen Debatte scheint dies oftmals völlig aus dem Blick zu geraten. Die liberale Sexualethik ist der Auffassung, dass die Sexualethik sich in dem einfachen Prinzip erschöpfe, dass fast alles erlaubt sei, sofern zwei erwachsene Personen sich über das, was sie tun, einig seien. Dabei spielt das Wesen der Sexualität praktisch keine Rolle, sondern Sexualität wird betrachtet als ein zentrales Mittel zur Lustgewinnung und zur individuellen sinnlichen Befriedigung (Alan Soble 1996). Dass diese Lustbefriedigung mit der Fortpflanzung verbunden ist, wird nicht nur ausgeblendet, sondern als negative Folge durch die Verwendung von Verhütungsmitteln ausgeschlossen. Im Hintergrund solcher Auffassungen steht im Allgemeinen eine moderne hedonistische Ethik, obwohl diese Grundlage meist nicht genannt wird.

Im diametralen Gegensatz dazu steht die traditionelle Sexualethik, die zumeist mit der katholischen Morallehre verbunden wird, obwohl diese Sexualethik nichts spezifisch Katholisches ist, sondern zum allergrößten Teil aus dem Naturrecht, aber auch aus anderen ontologischen Grundlagen wie dem Biologischen Essentialismus (Nicah Newman 2015) folgt. Die natürliche Ethik nimmt die objektive

Grundlage der Sexualität, die Fortpflanzung, ernst und stellt sie für die moralischen Schlussfolgerungen in den Mittelpunkt. Dies ist auch die einzige objektive und realistische Vorgehensweise, um zu moralischen Urteilen zu gelangen, die Objektivität und damit Allgemeingültigkeit beanspruchen können und nicht der Beliebigkeit persönlicher Vorlieben unterliegen. Die Sexualethik der natürlichen Ethik braucht auf keinen Fall einen Appell an christliche Gebote und göttliche Anordnungen, sondern sie folgt allein aus der Natur des Menschen und seinen Zielen. Selbst philosophische Naturalisten können die Grundlagen der natürlichen Sexualethik problemlos akzeptieren (N. Newman 2015, 224).

Alle anderen Merkmale der Sexualität, insbesondere das Vergnügen und die Lust, sind der Fortpflanzung als dem primären Ziel der Sexualität untergeordnet. Sie fördern die Fortpflanzung und tragen z. B. dazu bei, dass viele Kinder gezeugt werden, trotz der erheblichen Schmerzen, die für die gebärende Frau damit verbunden sind, und des Aufwandes und der Einschränkungen, die mit der Erziehung der Kinder verbunden sind. Ohne das mit der Sexualität verbundene Vergnügen wäre die Menschheit vermutlich längst ausgestorben. Man kann dies durchaus mit der Ernährung vergleichen, deren primäres Ziel die Selbsterhaltung ist. Die Ernährung bereitet auch Vergnügen, Freude und sinnliche Lust. Wird diese Lust allerdings zum primären Ziel der Ernährung, dann wird die Person über kurz oder lang krank. Dasselbe geschieht aber auch, wenn bei der Sexualität Mittel und Ziel vertauscht werden.

Damit nun zu einigen konkreten Fragen, die mit der Sexualität verbunden sind. Zunächst zur Ehe. Die Ehe hat, wie jede Entität, ein Wesen und dieses besteht, wie die klassische Definition des römischen Rechts sagt, in der Vereinigung von Mann und Frau zu einer unauflöslichen Lebensgemeinschaft mit dem Zweck der Fortpflanzung, sofern die Eheleute dazu in der Lage sind (Kälin 1945, 210). Diese Definition war bis vor einigen Jahrzehnten unumstritten, wird allerdings heute in fast allen westlichen Ländern in Frage gestellt. Aber das Wesen der Ehe ergibt sich aus dem Ziel der Sexualität des Menschen. Das Ziel der Sexualität, die Fortpflanzung, ist nur mit einem Partner realisierbar, der dem anderen Geschlecht angehört. Gleichgeschlechtliche Partner sind nicht in der Lage, sich fortzupflanzen, und können deshalb keine Ehe bilden. Die Sexualität in gleichgeschlechtlichen Partnerschaften kann daher auch nicht dem Zweck der Sexualität dienen; in einer solchen Beziehung werden daher Mittel und Ziel der Sexualität vertauscht, bzw. das Ziel der Sexualität wird negiert und das Mittel zum Ziel gemacht.

Aus dem Wesen der Sexualität folgt aber auch, dass diese allein in der Ehe ausgeübt werden sollte. Da die Sexualität auf die Fortpflanzung als Ziel gerichtet ist, sollten die biologischen Partner, die ein Kind zeugen, in der Lage sein, dieses zu erziehen und zu fördern. Üblicherweise sind es die biologischen Eltern, die die engste Beziehung zu ihrem Kind haben und am innigsten mit dem Kind verbunden sind, was so weit gehen kann, dass sie bereit sind, ihr eigenes Leben für ihr Kind zu opfern. Die Partnerschaft sollte dauerhaft, d. h. unauflöslich sein, wie es in der Definition der Ehe heißt. Die Ehe ist die tiefste und innigste Vereinigung zweier Menschen, die es überhaupt gibt. Wäre diese Partnerschaft auflösbar, würde dies den Zweck der Sexualität und damit der Ehe gefährden, denn es können keine weiteren Kinder gezeugt werden und die Erziehung der Kinder durch einen Partner bringt erhebliche Schwierigkeiten mit sich, die in westlichen Gesellschaften zwar durch staatliche Unterstützung gemildert werden können, aber gleichwohl dem Ehezweck widersprechen. Empirisch lässt sich zeigen, dass die Erleichterung der Ehescheidung mit einer Abnahme der Kinderzahl verbunden ist. Zudem ist der Erfolg der Erziehung durch Alleinerziehende geringer als bei der Erziehung beider Ehepartner. Auch führt die Scheidung bei der Mutter, die in den meisten Fällen die Erziehung des Kindes allein übernehmen muss, zu Armut und Abhängigkeit von staatlichen Hilfen.

Wenn man die *Nebenzwecke* der Ehe miteinbezieht – gegenseitige leibliche und seelische Hilfeleistung und Förderung auf der Grundlage einer tiefen und innigen Freundschaft zwischen den Ehepartnern –, dann ergibt sich, dass allein die Möglichkeit einer Trennung diese Freundschaft massiv beeinträchtigt, was bereits Thomas von Aquin betont hat (S.C.G. 3, 123). Eine Freundschaft ist umso inniger, je stärker und dauerhafter sie ist. Ein nur zeitliches Band der Ehe würde folglich das Freundschaftsverhältnis beeinträchtigen (Kälin 1945, 218). Es gibt noch eine Reihe weiterer Gründe, die für die Unauflöslichkeit der Ehe angeführt werden, die ich aber in diesem Zusammenhang übergehe (vgl. ibid., 218ff.). Grundsätzlich gilt, dass auch der sekundäre Zweck der Sexualität, die eheliche Bindung und wechselseitige Hilfeleistung, direkt aus der reproduktiven Funktion der Sexualität folgt. Dieser sekundäre Ehezweck, der direkt aus der Fortpflanzung als dem Zweck der Sexualität folgt, besteht in der Aufrechterhaltung stabiler Familien, in denen Kinder durch ihre biologischen Eltern aufwachsen können, Kinder, die gesund und sicher gedeihen und damit zugleich zu einer gesunden Entwicklung der ganzen Gesellschaft beitragen.

Die gegenwärtigen Bestrebungen, den Begriff der Ehe auf andere Formen der Partnerschaft auszudehnen, insbesondere auf gleichgeschlechtliche Partnerschaften, ist, wie aufgrund des zuvor Gesagten deutlich wird, verfehlt. Wesenheiten unterliegen nicht der menschlichen Entscheidung oder Willkür und können nicht geändert werden. Diese Bestrebungen, die oft mit dem Hinweis auf eine Diskriminierung anderer Partnerschaften verbunden sind, beruhen auf einem Verständnis der Ehe, das die persönliche Selbstverwirklichung in der romantischen Liebe sieht und auf das 19. Jahrhundert zurückgeht. Es hat nichts mit einem objektiven und realistischen Ehebegriff zu tun, der sich aus der Natur des Menschen ergibt. Auch die romantische Liebe ist letztlich eng mit der Ehe verbunden, weil die Ehe im Wesentlichen eine sexuelle Gemeinschaft mit dem Ziel der Fortpflanzung ist und die Liebe dieser Beziehung die Bindung und Dauerhaftigkeit verleiht. Mit der Feststellung, dass andere Arten von Beziehungen, insbesondere homosexuelle Beziehungen, keine Ehen sind, wird niemand diskriminiert. Man kann diesen anderen Arten von Beziehungen durchaus einen rechtlichen Status verleihen, der aber *grundsätzlich* von dem der Ehe verschieden sein muss, weil der Zweck dieser Beziehungen ein anderer ist. Der sekundäre Ehezweck, die Unterstützung und Förderung des Partners zu dessen Vervollkommnung, findet sich auch in anderen Arten personaler Beziehungen, vor allem in der Freundschaft. Deshalb ist die Freundschaft aber keine Ehe, obwohl umgekehrt die Ehe auch eine Freundschaft ist. Dass eine von ihrem objektiven Zweck abgetrennte Sexualität zwischen Gleichgeschlechtlichen eine Ehe konstituieren soll, ist nicht begründbar.

Man könnte hier noch zahlreiche weitere Fragen diskutieren, wie z. B. die, ob eine Ehe zwischen Mann und Frau, bei der sich die Partner gegen Kinder entscheiden oder bei der die Partner unfruchtbar bleiben, unter unsere Definition der Ehe fällt oder nicht. Ich muss mich hier beschränken und kann nur die Antwort geben: Eine Ehe, bei der die Partner von vornherein den primären Ehezweck ausschließen, ist in naturrechtlicher Sicht eigentlich keine Ehe. Allerdings kann es im Verlauf dieser Beziehung jederzeit zu einer Änderung der Einstellung bei den Eheleuten kommen und insofern handelt es sich doch um eine Ehe. Eine Ehe, bei der der Kinderwunsch sich aufgrund der Unfruchtbarkeit eines der Ehepartner (oder beider) nicht erfüllt, ist selbstverständlich eine Ehe, weil der Ehezweck nicht ausgeschlossen wird, sondern nur nicht erfüllt werden kann. Diese Situation ist übrigens nicht mit der Homosexualität vergleichbar, was gelegentlich gesagt wird, weil die homosexuelle Sexualität prinzipiell, d. h. naturgesetzlich „unfruchtbar" ist.

Da es bereits die ganze Zeit über im Raum steht, wende ich mich nun einem weiteren Thema zu, nämlich der Homosexualität. Homosexuelle Akte sind im Rahmen der natürlichen Ethik unmoralisch, da sie gegen die Natur des Menschen und seine Erfüllung, seine Vervollkommnung gerichtet sind. Mir ist bewusst, dass man mit solchen

Äußerungen heutzutage empörte Reaktionen auslösen kann, doch diese Reaktionen sind keine Argumente. Während und nach dem Kongress der *Society for Christian Philosophers* 2016 kam es zu heftigen Beschimpfungen, Beleidigungen und Distanzierungen nach einem Vortrag von Richard Swinburne, dem bedeutendsten Religionsphilosophen der Gegenwart, der in seinem Vortrag eine eher traditionelle Auffassung von der Homosexualität vertreten hatte. Ein solches Verhalten von Seiten z. T. renommierter Philosophen gegenüber Argumenten stellt einen schweren Schaden für die Philosophie dar. Ich glaube, dass sich aus den Grundlagen der natürlichen Ethik die Schlussfolgerung objektiv ergibt, dass Homosexualität nicht der Vervollkommnung der menschlichen Natur dient. Homosexualität behandelt die Sexualität, als ob die geschlechtliche Verschiedenheit keine Rolle spielte. Diese Aussage wird auch kein Verteidiger der Homosexualität in Frage stellen. Doch aus dem zuvor Gesagten folgt, dass es ohne die Zweigeschlechtlichkeit keine Sexualität gebe würde. Es gäbe eine andere Art der Fortpflanzung, z. B. wie sie sich zum Teil im Pflanzenreich findet. Das, was Sexualität ist, beinhaltet zwei Geschlechter (M. Newman 2015, 236). Und um zu dieser Einsicht zu gelangen, reicht die Kenntnis der Biologie. Homosexualität weicht dieser objektiven Tatsache aus und tut so, als sei das Geschlecht irrelevant.

Aus dem zuvor über Sexualität und Ehe Gesagten folgt weiter, dass es allein auf der Grundlage der moralischen Wirklichkeit keine homosexuelle Ehe geben kann und somit Homosexualität definitiv außerehelich ist und damit unmoralisch. Homosexuelle Beziehungen können ihrer Natur nach nicht auf die Fortpflanzung gerichtet sein, und daher handelt es sich bei gleichgeschlechtlicher Sexualität gar nicht um Sexualität im eigentlichen Sinne, deren Zweck die Fortpflanzung ist.

Weiterhin ist Homosexualität deshalb unmoralisch (im naturrechtlichen Sinne), weil homosexuelle Akte nicht auf die Reproduktion gerichtet sind und insofern direkt im Gegensatz zur Natur der Sexualität und damit zur Natur des Menschen stehen. Alles, was zur Erfüllung, zur Vervollkommnung des Menschen beiträgt, ist moralisch gut; was hingegen gegen die Natur des Menschen gerichtet ist, ist moralisch böse.

Der häufig vorgebrachte Einwand, dass viele Menschen eine homosexuelle Veranlagung haben, die nicht oder nur sehr schwer geändert werden kann und die genetisch bedingt ist, stellt keinen Einwand gegen diese Argumente dar. Es gibt zahlreiche genetisch bedingte Defekte, die deshalb als *Defekte* behandelt werden. Niemand käme deshalb auf die Idee, einen genetischen Defekt, selbst wenn er häufig auftritt, als normal zu bezeichnen. Und jeder, der an einem solchen Defekt leidet, würde alles unternehmen, um die Folgen zu mindern. Auch stellt die Tatsache, dass es angeborene homosexuelle Veranlagungen gibt, kein Argument für die Behauptung dar, dass der Ausschluss Homosexueller von der Ehe eine Diskriminierung sei bzw. eine Respektlosigkeit gegenüber dieser „Wesenheit". Eine genetisch bedingte homosexuelle Veranlagung ist keine andere Wesenheit, was ja bedeuten würde, dass diese Veranlagung wesentlich für die Personen wäre, die sie haben. Diese Behauptung wäre sehr schwer zu verteidigen. Vermutlich ist es ohnehin so, dass homosexuelle Neigungen aus einer Kombination aus genetischen Veranlagungen und Umweltfaktoren entstehen, so dass keines von beiden ausreichend ist, um eine homosexuelle Neigung zu manifestieren.

So viel zum Thema Homosexualität. Dass aus dem bisher Gesagten selbstverständlich folgt, dass *Masturbation* moralisch verwerflich ist, sollte einleuchten. Masturbation bezieht sich auf Akte sexueller Befriedigung, bei denen nur eine Person involviert ist. Sexualität hingegen beinhaltet ihrem Wesen nach zwei Personen, wie zuvor im Zusammenhang mit der Ehe dargestellt wurde. So wie Homosexualität die Zweigeschlechtlichkeit missachtet, wird bei der Masturbation die wesentliche Gemeinschaft zweier Personen missachtet. Sexualität, mit nur einer Person, ist daher gegen die Natur der Sexualität und deshalb unmoralisch. Weiterhin ist Masturbation unmoralisch, weil sie vom Zweck der Sexualität absieht und ausschließlich das Mittel, die sexuelle Befriedigung, in den Mittelpunkt stellt und so gegen die Natur der Sexualität als einer menschlichen Disposition gerichtet ist, die zur richtig verstandenen Selbstverwirklichung beiträgt.

Noch einige Worte zu den Themen *Kontrazeption* und *In-Vitro-Fertilisation*. Kontrazeption ist die direkte Verhinderung des Zwecks der Sexualität, nämlich der Fortpflanzung, mit Hilfe chemischer Substanzen oder mechanischer Mittel. Da die Fortpflanzung das Wesen der Sexualität ausmacht, unterbricht die Verhütung den essentiellen Zusammenhang zwischen Sexualität und Fortpflanzung. Damit tut die Kontrazeption so, als gäbe es keinen Zusammenhang zwischen Sexualität und Fortpflanzung, und untergräbt damit das Wesen der Sexualität als einer fundamentalen Disposition zur Verwirklichung des Menschseins. Die Kontrazeption stellt insofern, wie Homosexualität oder Masturbation, einen Angriff auf die menschliche Natur dar und ist deshalb unmoralisch.

Ähnlich, nur mit umgekehrten Vorzeichen, verhält es sich bei der In-Vitro-Fertilisation, also bei der künstlichen Befruchtung. Auch hier wird der unmittelbare und wesentliche Zusammenhang von Sexualität und Fortpflanzung unterbrochen und so gehandelt, als hätten beide wesensmäßig zusammengehörenden Elemente der Sexualität nichts miteinander zu tun. Die Reproduktion wird außerhalb des sexuellen Aktes verlegt, und damit wird gegen die Natur der Sexualität gehandelt. Was aber gegen die Natur des Menschen, zu der die Sexualität als wesentliche Realisationsmöglichkeit gehört, gerichtet ist, ist moralisch verwerflich.

Ich möchte abschließend betonen, dass es zu all diesen Themen noch zahlreiche andere Argumente gibt, die ich aber aus verschiedenen Gründen hier nicht mehr angeführt habe. Mir ging es hier vor allem darum, deutlich zu machen, wie sich aus der Natur des Menschen und seiner Vermögen, Fähigkeiten, Dispositionen bzw. seiner Potenzen direkte Schlussfolgerungen für die angewandte Ethik ergeben.

Mit dem bisher Gesagten in einem engen Zusammenhang steht das Thema Abtreibung. Aus der Erkenntnis des Wesens der Sexualität im Zusammenhang mit der menschlichen Natur ist ganz offensichtlich, dass die Abtreibung unmoralisch ist, denn sie durchbricht den engen Zusammenhang von Sexualität und Fortpflanzung, indem sie die Frucht der Sexualität tötet. Allerdings ist dies nicht das wesentliche Argument gegen die Abtreibung. Das zentrale Argument gegen die Tötung eines ungeborenen Kindes möchte ich nun vorstellen.

Abtreibung

Unter Abtreibung versteht man die gezielte Tötung eines Fötus, d. i. eines ungeborenen Kindes, im Mutterleib. Das *zentrale Argument gegen Abtreibung* lautet: Wenn der Fötus ein unschuldiges menschliches Wesen ist und wenn es immer moralisch falsch ist, gezielt ein unschuldiges menschliches Wesen zu töten, dann ist es moralisch falsch, gezielt einen Fötus zu töten (Oderberg, 2000a, 4). Bei dem Argument handelt es sich um ein konditionales Argument. Die gezielte Tötung eines Fötus ist dann moralisch böse, wenn es (a) immer moralisch böse ist, einen unschuldigen Menschen zu töten, und wenn (b) der Fötus ein Mensch ist, d. h. wenn ein Fötus unter (a) fällt. Daher werde ich zunächst Argumente für (a) vorstellen, d. h. ich werde dafür argumentieren, dass es immer und in jedem Fall moralisch verboten ist, unschuldige Menschen zu töten, und dann (b) dafür argumentieren, dass ein ungeborenes Kind, d. i. ein Fötus, ein unschuldiger Mensch ist.

Im zweiten Kapitel habe ich die Natur des Menschen als rationales Sinnenwesen definiert und die sich daraus ergebenden Ziele und

Zwecke, die stets auf das Gute gerichtet sind, aufgezeigt. All dies aber beruht auf dem menschlichen Leben. Das menschliche Leben ist deshalb das fundamentalste Gut und die Grundvoraussetzung für alles andere. Leben besteht in der Verfolgung von Zielen und Zwecken, die das Menschsein erfüllen. Dies bedeutet freilich nicht, dass das menschliche Leben allein einen instrumentellen Wert besitzt. Das menschliche Leben ist ja fundamental, um diese Ziele und Zwecke verfolgen zu können und damit das Menschsein zu vervollkommnen. Insofern ist Leben der Ausgangspunkt für die gesamte Ethik. Alle moralischen Werte setzen menschliches Leben voraus. Das menschliche Leben ist notwendig für die Verfolgung der Güter und des Guten, es ist aber zugleich auch zureichend (D. Oderberg 2005, 140). Der Wert des menschlichen Lebens ergibt sich nicht daraus, dass es in jedem Einzelfall in der Lage ist, Ziele und Zwecke zu verfolgen. Wäre dies der Fall, dann könnten Befürworter der Euthanasie argumentieren, dass das Leben keinen Wert besitze, wenn es nicht in der Lage sei, Ziele und Zwecke zu verfolgen. Aus der Tatsache, dass das menschliche Leben notwendig ist, um Ziele zu verfolgen, folgt nur, dass dann, wenn menschliche Güter verfolgt werden können, dieses Leben einen Wert hat. Nun können aber die Güter des menschlichen Lebens verfolgt werden, wenn auch nicht immer und unter allen Umständen, aber doch durch die menschliche Gattung als solche, und daraus folgt, dass das menschliche Leben einen Wert *an sich* besitzt. Es ist die *allgemeine Möglichkeit*, das Gute zu erstreben, wodurch das Leben einen intrinsischen Wert besitzt. Das menschliche Leben ist die Grundvoraussetzung für alle anderen Güter. Menschliches Leben hat deshalb einen eigenen, intrinsischen Wert und nicht nur einen instrumentellen Wert. Denn alle Güter, die vom Menschen verfolgt werden, werden um dieses Lebens selbst willen verfolgt. Das Leben selbst ist es, das notwendigerweise bei allen Zielen und Zwecken erstrebt wird. Weil das menschliche Leben untrennbar verbunden ist mit dem Vermögen, das Gute zu erstreben, kann es verstanden werden als das grundlegende Element unter einer Vielzahl von anderen Elementen, die eine moralische Existenz konstituieren, die ihrerseits die Existenz einer intrinsischen *Würde* darstellt.

Leben ist ein fundamentaler Baustein der Glückseligkeit, zusammen mit jedem anderen Gut. Warum zum Beispiel streben wir nach Erkenntnis? Wir streben nach Erkenntnis um ihrer selbst willen, weil sie Teil dessen ist, was die menschliche Natur vervollkommnet. Das Leben selbst kann nicht einen geringeren Wert besitzen als das, um dessentwillen etwas erstrebt wird. Dies wird deutlich durch ein Beispiel (D. Oderberg 2005, 142). Eine wissenschaftlich tätige Person könnte größeren Wert auf die Erkenntnis legen als auf die eigene Gesundheit. Sie arbeitet z. B. oft bis tief in die Nacht hinein, nimmt sich kaum freie Tage, schläft wenig, ernährt sich nicht besonders gesund usw. Dies bedeutet, dass diese Person ihre Gesundheit geringer schätzt als die Erkenntnis. Aber das Leben *als solches* kann nicht geringer geschätzt werden als die Erkenntnis oder irgendein anderes Gut. Der Tod kann nicht die Erkenntnis oder ein anderes Gut fördern, denn für jedes andere Gut ist das Leben die Voraussetzung. Aus all dem folgt, dass menschliches Leben einen Wert in sich selbst besitzt.

Wenn das Leben die fundamentale Voraussetzung aller anderen Güter ist und einen intrinsischen Wert besitzt, dann wird durch den Tod dieses Fundament genommen und damit die Entfaltung des menschlichen Lebens beendet. Wenn dies durch einen äußeren Eingriff geschieht und nicht durch ein natürliches Ende des Lebens, dann wird das menschliche Leben dadurch irgendeinem anderen Gut unterworfen und nicht um seiner selbst willen, nicht in seinem intrinsischen Wert genommen. Durch die Tötung eines Fötus, d. i. eines ungeborenen Menschen, wird diesem die Möglichkeit genommen, Ziele und Zwecke zu verfolgen und sein Leben zu entfalten. Deshalb ist die Tötung eines Fötus, wie auch die Tötung jedes anderen unschuldigen Menschen, moralisch nicht erlaubt.

Es gibt zahlreiche Argumente für die Abtreibung, die ich in diesem Zusammenhang nicht alle diskutieren kann (ausführlich dazu D. Oderberg 2005a, 3ff.). Ich möchte nur ein Argument herausgreifen, das bis heute die größte Verbreitung hat, obwohl es sowohl wissenschaftlich, d. h. medizinisch, als auch juristisch nicht haltbar ist. Ich meine das Argument, dass es sich bei einem Fötus, zumindest in einer sehr frühen Phase seiner Entwicklung, nicht um einen Menschen handele, sondern nur um einen „Zellhaufen". Das Bundesverfassungsgericht hat demgegenüber betont, dass der menschliche Embryo in jeder Phase seiner Entwicklung ein Mensch ist. Freilich ist dies nur ein Autoritätsargument. Für die Auffassung, dass der Embryo kein Mensch sei, wird argumentiert durch den Hinweis darauf, dass der Embryo in einer frühen Phase der Entwicklung überhaupt keinerlei Ähnlichkeit mit einem Menschen hat. Selbst wenn der Embryo eine menschliche DNS besitzt, sind die Zellen noch undifferenziert und haben mehr Ähnlichkeit mit einem Fisch als mit einem Menschen. Doch welche Bedeutung hat das Aussehen für die Frage, was ein Fötus ist? Natürlich kann man nicht bestreiten, dass das Aussehen einer Entität eine Bedeutung für die Bestimmung dessen hat, *was* sie ist. Doch eine Entität sieht so oder so aus, weil sie *diese* Entität ist. Nicht das Aussehen bestimmt, was etwas ist, sondern was etwas ist, bestimmt, wie es aussieht. Der Einwand, der Embryo sehe nicht aus wie ein Mensch, sagt nichts anderes, als dass der Embryo nicht so aussieht wie ein erwachsener Mensch oder wie ein Kind im Alter von einem Jahr. Dies bestreitet niemand. Doch der Embryo sieht so aus, wie ein sehr junger Mensch aussieht. Ein zwei Tage altes Kind sieht auch nicht so aus wie eine 32-jährige Frau oder wie ein 84-jähriger Mann. Doch ändert das nichts daran, dass sowohl das zweijährige Kind als auch der Mann und die Frau Menschen sind, ebenso wie der Embryo. Dabei möchte ich hier betonen, dass es sich bei dem Embryo nicht um einen potenziellen Menschen handelt, wie man gelegentlich auch von Abtreibungsgegnern hört, sondern dass der Embryo in jeder Phase seiner Entwicklung ein aktualer Mensch ist, aber potenziell ein erwachsener Mensch. Auch eine Kastanie ist kein potenzieller Kastanienbaum, sondern ein aktualer Kastanienbaum in seiner ersten Entwicklungsphase. Potenziell ist die Kastanie ein sechs Meter hoher Kastanienbaum, auch wenn die meisten Kastanien ihre Potenz nie aktualisieren.

Wenn das menschliche Leben einen Wert *in sich selbst* hat, über den niemand verfügen darf, auch nicht die werdende Mutter, und wenn der Embryo bzw. der Fötus ein Mensch ist, dann darf er nicht getötet werden. Wenn das Tötungsverbot auch kein absolutes Gebot ist, so ist es doch in Bezug auf unschuldige Menschen das fundamentalste Gebot der Ethik. Dies schlägt sich auch nieder in verschiedenen Verfassungen, z. B. dem deutschen Grundgesetz, der amerikanischen Unabhängigkeitserklärung und der Menschenrechtserklärung der Vereinten Nationen. Ohne ein Tötungsverbot für unschuldige Menschen ist jede Ethik sinnlos (zu weiteren Argumenten gegen die Abtreibung vgl. D. Oderberg 2005a, 3–47).

Euthanasie

Der unbedingte Schutz unschuldigen menschlichen Lebens ist das Zentrum der Ethik. Eine Ethik, die dieses Prinzip einschränkt oder ersetzt oder sogar streicht, kann nicht als human bezeichnet werden (D. Oderberg 2005a, 48). Dies hat auch Folgen für die Frage der Euthanasie, die heute in verschiedenen Ländern bereits praktiziert wird und in vielen anderen Ländern, darunter auch in Deutschland, diskutiert wird. Man unterscheidet heute verschiedene Arten der Euthanasie, die zumeist unter dem Begriff der „Sterbehilfe“ zusammengefasst werden. Der Begriff ist missverständlich und vieldeutig. Die Verwendung des Begriffs „Sterbehilfe“ ist in Deutschland üblich, v. a. weil der Begriff „Euthanasie“ mit dem Massenmord der Nationalsozialisten an körperlich, seelisch und geistig behinderten Kindern und Erwachsenen verbunden wird und von daher deutlich negative Assoziationen weckt, die man gerne vermeiden möchten. Ich werde die Begriffe „Sterbehilfe“ und „Euthanasie“ im Folgenden synonym verwenden.

Bei der Sterbehilfe unterscheidet man meist verschiedene Varianten. Die wichtigste Unterscheidung ist die zwischen aktiver und passiver Sterbehilfe. Bei der aktiven Sterbehilfe wird unterschieden zwischen der Tötung auf Verlangen und der Euthanasie ohne Willensäußerung des Betroffenen. In diesen Fällen wird der Tod des Betroffenen durch andere Personen aktiv und gezielt angestrebt. Bei der passiven Sterbehilfe werden Maßnahmen eingestellt, die das Leben des Betroffenen, der sich im Prozess des Sterbens befindet, verlängern könnten. Für die sogenannte passive Sterbehilfe gilt das, was ich in Bezug auf die Unterlassungen gesagt habe: Von zentraler Bedeutung für die moralische Beurteilung der passiven Sterbehilfe ist die Frage, ob es eine Verpflichtung zum Handeln gibt. Wo es eine Handlungspflicht, z. B. eines Arztes, gibt, das Leben des Patienten zu schützen, unterscheidet sich eine Unterlassung in der moralischen Beurteilung nicht grundsätzlich von einer aktiven Tötung.

Beginnen wir mit der aktiven Sterbehilfe, und zwar auf Grund einer ausdrücklichen Willensäußerung des Patienten bzw. einer Person. Alle Argumente, die in der Debatte über die aktive Euthanasie für die Zulässigkeit dieser Art der Sterbehilfe angeführt werden, beruhen auf der Annahme der Autonomie der menschlichen Person (vgl. z. B. M. Quante, D. P. Schweikard, in: J.S. Ach, K. Bayertz, L. Siep 2011, 43ff.). Wie man auch immer die Autonomie bzw. die Selbstbestimmung der Person bestimmt, man geht davon aus, dass die bewusste Person die letzte Verfügungsgewalt über ihr Leben besitzt. „Der aus unserer Sicht entscheidende Nachteil der Lehre von der Heiligkeit des menschlichen Lebens besteht darin, dass sie mit der biographischen Verfasstheit der Identität von Personen nicht vereinbar ist, wenn diese Personen ihr eigenes Leben weder als eine ihnen von Gott gestellte Aufgabe noch als absoluten Wert betrachten. Eine liberalistische Position, welche Personen das Recht auf die eigene Bewertung der eigenen Existenz zuerkennt und die Qualität des Lebens von autonomen Personen entscheidend von dieser Selbstbewertung abhängen lässt, entspricht der pluralen und pluralistischen Verfasstheit unserer Kultur wesentlich besser“ (ibid., 43f.). Abgesehen davon, dass eine moralische Position zu Leben und Tod nicht von bestimmten Kulturen abhängig sein kann, sondern entweder wahr oder falsch ist, setzt dieses Argument, wie auch nahezu alle anderen Argumente für die aktive Sterbehilfe auf Grund der Selbstbestimmung der menschlichen Person, voraus, dass das menschliche Leben zu den *veräußerlichen* Rechten gehört. Doch genau das ist falsch, auch dann, wenn man den Begriff der „Heiligkeit des Lebens“ vermeiden möchte (Bittle 1950, 371). Das grundlegende Argument für ein Recht auf aktive Sterbehilfe lässt sich folgendermaßen ausdrücken:

> Alle Rechte sind veräußerlich.
> Es gibt ein Recht auf Leben.
> Deshalb ist das Recht auf Leben veräußerlich.

Daraus folgt dann, dass eine Person mit einem gesunden Verstand, die rational denken kann und ihre Situation angemessen zu beurteilen vermag, das Recht auf die freie Bestimmung ihres eigenen Todeszeitpunkts hat (D. Oderberg 2005a, 55). Obwohl das Argument in einem logischen Sinne gültig ist, ist die erste Prämisse falsch. Vertreter eines Rechts auf aktive Sterbehilfe vergleichen das Recht auf Leben gelegentlich mit dem Recht auf Eigentum: Wenn Eigentumsrechte veräußerlich sind, warum sollte dann das eigene Leben nicht veräußerlich sein? Dabei wird vorausgesetzt oder auch ausdrücklich behauptet, dass das Recht auf Leben eine Art von Eigentumsrecht sei. Dies ist auch erkennbar im zuvor angeführten Zitat von Quante und Schweikard. Wir sind Eigentümer unseres Körpers, das Leben ist uns als Aufgabe übergeben worden und so besitzen wir das Leben im Prinzip so, wie wir unser Haus besitzen. Theistische Philosophen widersprechen dieser Auffassung durch den Hinweis, dass wir unser Leben von Gott geliehen bekommen haben, um dafür zu sorgen, und dass wir es ihm am Ende des Lebens, das Gott allein bestimmt, wieder zurückgeben. Doch auch unabhängig von einer theistischen Argumentation lässt sich zeigen, dass das Recht auf Leben kein Eigentumsrecht ist und dass es zugleich Hinweise darauf gibt, dass auch das Recht auf Eigentum unveräußerlich ist (D. Oderberg 2005a, 56f.).

Das Kennzeichen von Eigentum ist, dass es veräußert werden kann. Es kann verschenkt, verliehen oder verkauft werden. Dies bedeutet, dass Sie Ihr Recht auf dieses oder jenes Eigentum veräußern können. Was Sie aber nicht veräußern können, ist Ihr *Recht* auf Eigentum überhaupt, d. h. unabhängig von irgendeinem bestimmten Eigentum. Die Veräußerung dieses oder jenes bestimmten Rechts an Eigentum beinhaltet nicht die Veräußerung des Rechts auf Eigentum im Allgemeinen. Die Veräußerung des Rechts auf Ihr Leben beinhaltet allerdings die Veräußerung Ihres Rechts auf Leben im Allgemeinen, denn Sie haben nur *ein* Leben. Daher ist das Recht auf Eigentum an diesem oder jenem bestimmten Eigentum nicht vergleichbar mit dem Recht auf Ihr bestimmtes Leben. Wenn man beide Rechte in Analogie zueinander setzt, dann ist das Recht auf Eigentum überhaupt und im Allgemeinen ebenso unveräußerlich wie das Recht auf Leben.

Man könnte hier einwenden, dass es doch die Möglichkeit gibt, auch das Recht auf Eigentum im Allgemeinen zu veräußern, z. B. wenn jemand in ein Trappistenkloster eintritt und auf jegliches Eigentum freiwillig verzichtet. In diesem Fall sind zwei verschiedene Interpretationen möglich (Oderberg, ibid.). Nach der ersten Interpretation liegt kein Fall von Veräußerung des Rechts auf Eigentum im Allgemeinen vor, sondern nur eine Zustimmung, die Gesetze des Klosters zu halten, die privates Eigentum verbieten. Sollte der Mönch wieder aus dem Kloster austreten, kann er wieder sein Eigentumsrecht ausüben, das er nie grundsätzlich verloren hat. Nach einer zweiten Interpretation des Falles kann man davon ausgehen, dass es sich tatsächlich um eine Veräußerung handelt, aber nur um eine zeitlich begrenzte Veräußerung des Rechts auf Eigentum, die endet, sobald der Mönch die Gemeinschaft wieder verlässt. In beiden Fällen handelt es sich nicht um einen permanenten Verzicht auf das Recht auf Eigentum. Bei der Forderung nach einem Recht auf Sterbehilfe ist die Absicht, das Leben zu verlieren, dauerhaft. Sobald das Recht auf Leben erloschen ist, d. h. sobald die Person tot ist, kann das Recht nicht wieder zurückgeholt werden. Daher können das Recht auf Euthanasie und das Recht auf Eigentum nicht miteinander verglichen werden.

Von niemandem wird ernsthaft bestritten, dass die Autonomie der Person Grenzen hat. Autonomie bedeutet nicht die moralische Fähigkeit, zu tun, was man will, auch nicht in Bezug auf sich selbst. Kaum jemand wird eine Person dabei unterstützen, sich Heroin zu verabreichen, und die Autonomie der Person gibt ihr dazu auch kein Recht. Autonomie darf vor allem nicht gleichgesetzt werden mit der Vorrangigkeit des Willens. Doch genau dies geschieht vielfach in den gegenwärtigen Debatten über die personale Autonomie. Autonomie ist auch nicht die moralische Fähigkeit, alles zu tun, wovon man *glaubt*, dass es zur eigenen Selbstvervollkommnung beitrage. Es gibt, wofür ich ausführlich argumentiert habe, objektive Kriterien für das, was gut ist, bzw. für das, was zur Selbstvervollkommnung beiträgt, und deshalb kann jemand schlicht etwas Falsches glauben. Allein diese Möglichkeit des Irrtums bezüglich dessen, was gut für mich ist, bedeutet, dass die personale Autonomie begrenzt sein muss.

Kurz gesagt bedeutet dies, dass es kein Recht auf freiwillige Euthanasie *als* freiwillige geben kann. Die Freiwilligkeit einer Entscheidung zum Tod ist kein Argument dafür, dass eine solche Person ein Recht auf einen „selbstbestimmten" Tod hat.

Ein weiteres Argument für die aktive Sterbehilfe auch bei Personen, die zu einer willentlichen Zustimmung nicht mehr in der Lage sind, z. B. weil sie im Koma auf einer Intensivstation liegen, ist der Hinweis auf die *Lebensqualität*. Damit wird gesagt, dass ein menschliches

Leben unter bestimmten Bedingungen nicht mehr lebenswert sei und deshalb ein Recht auf Sterbehilfe möglich sein solle. Allerdings scheint es mir völlig unmöglich, eine nicht bloß zufällige Bestimmung dessen zu geben, was es bedeutet, dass ein Leben nicht mehr lebenswert ist. Verteidiger eines Rechts auf Sterbehilfe nennen eine ganze Reihe verschiedener „moralisch relevanter Merkmale", die zur Bestimmung dienen sollen, wann ein Leben nicht mehr lebenswert sei. Jede allgemeinere Bestimmung solcher moralisch relevanten Merkmale beinhaltet allerdings Personen bzw. Fälle, für die diese Merkmale nicht zutreffen, die letztlich immer an einem erwachsenen und gesunden Menschen orientiert sind, dessen Leben als lebenswert gilt. Jeder Mensch, unabhängig von seiner Entwicklungsstufe, seinem Alter, seinem Gesundheitszustand usw., hat aber die gleiche personale Würde und verdient den Schutz, den er oder sie benötigt.

Ein Grund für den Verweis auf den „Wert des Lebens" besteht in der fehlenden Unterscheidung zwischen intrinsischen und instrumentellen Werten (Oderberg 2005a, 67f.). Betrachtet man ein menschliches Leben allein hinsichtlich seines instrumentellen Wertes, worin man diesen auch immer sehen mag (Erfüllung von Aufgaben für die Gemeinschaft, Genuss, Beitrag zum Erfolg des Unternehmens etc.), so ist klar, dass eine komatöse Person, die nicht in der Lage ist, irgendetwas zu leisten, und selbst nicht einmal in der Lage ist, selbständig zu atmen, einen Wert hat, der gegen null geht. Von da ist es nur noch ein kurzer Schritt zu dem Entschluss, dieses Leben zu beenden, zumal wenn man in Erwägung zieht, was die Erhaltung dieses Lebens für die Gemeinschaft für Kosten verursacht und Belastungen für die Angehörigen mit sich bringt. Betrachtet man das menschliche Leben jedoch hinsichtlich seines instrumentellen *und* intrinsischen Wertes, ergeben sich ganz andere Konsequenzen. Man könnte hier einwenden, dass wir selbst darauf hingewiesen haben, dass das Ziel des menschlichen Lebens in der Entfaltung und im Wachstum seiner Vermögen und Kräfte besteht. Niemand wird aber ernsthaft behaupten wollen, dass ein komatöser Patient in vollem Umfang zur

Selbstentfaltung in der Lage ist, also einen Beitrag zur Erfüllung seines Zieles zu leisten vermag. Doch dies trifft auch für uns selbst zu. Wer von uns ist schon in der Lage, in einer unbeeinträchtigten Art und Weise seine Vervollkommnung zu betreiben? Der Unterschied zwischen uns und dem komatösen Patienten ist kein qualitativer Unterschied, sondern er besteht nur im *Grad* der Beeinträchtigung der Entfaltung des menschlichen Lebens. Letztlich ist die Frage unbedeutend, ob und in welchem Maß eine Person sich entfalten kann, wenn es darum geht, ob das letzte verbleibende Gut, nämlich das nackte Leben selbst, ebenso noch beseitigt werden soll. Selbst wenn dieses Leben tatsächlich keinen instrumentellen Wert mehr haben sollte, bleibt der intrinsische Wert des Lebens bestehen und unberührt von Krankheit und Unfähigkeit. Das menschliche Leben im Allgemeinen besteht in der Verfolgung des Guten, auch wenn ein individueller Mensch in einer aktuellen Situation dazu nicht in der Lage ist. Der intrinsische Wert des Menschen besteht darin, dass er das Gute im Allgemeinen erstreben kann, unabhängig davon, ob diese bestimmte Person dazu in der Lage ist. Nur weil Menschen im Allgemeinen dazu in der Lage sind, das Gute zu erstreben, sind sie Gegenstand moralischer Bewertungen. Menschliches Leben selbst ist das fundamentale Element unter einer Vielzahl weiterer Elemente, die eine moralische Existenz konstituieren, die die Existenz der intrinsischen Würde ist (ibid.).

Es ließe sich zu diesem Thema noch sehr viel mehr sagen und es müsste auch noch viel mehr gesagt werden, um auch nur die Grundlinien der Argumentation zu skizzieren. Mir geht es hier aber primär darum, an einigen Beispielen die Anwendung der natürlichen Ethik auf bestimmte moralische Fragen zu exemplifizieren. Daher nun noch einige Sätze zur sogenannten passiven Sterbehilfe, bevor ich mich abschließend einigen kritischen Einwänden gegen die hier vertretenen Positionen zuwende.

Zu dem Unterschied von Handlung und Unterlassung habe ich bereits die wichtigsten Punkte genannt. Dieser Unterschied spielt auch bei der Tötung einer Person eine Rolle und auch im Zusammenhang mit aktiver und passiver Sterbehilfe. Grundsätzlich kann man sagen, dass es keinen Unterschied macht, ob man jemanden durch einen positiven Akt tötet oder ihn durch eine Unterlassung tötet, wenn alle anderen Umstände gleich sind. Eine Mutter, die ihr Kleinkind verhungern lässt, ist ebenso schuldig, wie wenn sie ihr Kind direkt totschlägt, wenn man alle anderen Umstände bei den beiden Fällen unberücksichtigt lässt. Wie ich im Zusammenhang mit der Unterscheidung von Handeln und Unterlassen gesagt habe, spielt für die Schuldhaftigkeit einer Unterlassung unter den verschiedenen Umständen die vorhergehende Verpflichtung zum Handeln die entscheidende Rolle. Wenn eine solche Verpflichtung zum Handeln gegeben ist, wie dies bei der Fürsorge der Mutter für ihr Kind zweifellos der Fall ist, dann ist eine Unterlassung immer schuldhaft. Die Verpflichtung oder Zuständigkeit ergibt sich im Wesentlichen aus der Beziehung der Nähe, die nicht primär geographisch gemeint ist, sondern sich aus der Struktur der Gemeinschaft, ihrer Gesetze und Institutionen ergibt. Solche typischen Beziehungen der Nähe sind die Pflichten der Eltern gegenüber ihren Kindern, der Lehrerin gegenüber ihren Schülern, des Krankenpflegers gegenüber seiner Patientin oder der Ärztin gegenüber ihrem Patienten.

Der entscheidende Punkt für die Unterscheidung zwischen aktiver und passiver Sterbehilfe liegt also nicht darin, ob man z. B. eine Therapie unterlässt oder aktiv durch eine Injektion den Tod herbeiführt, sondern in der Frage der Intention. Wenn es die Intention ist, eine Person zu töten, dann ist es für die moralische Beurteilung gleichgültig, ob man die Person durch eine Unterlassung oder durch eine Handlung tötet. Freilich ist es nicht immer leicht zu beurteilen, ob es sich bei einer Unterlassung um eine intentionale Tötung handelt oder ob es eine andere Intention gab, die nicht auf die Tötung des Menschen gerichtet war. Daher sind einige Unterscheidungen erforderlich.

Verteidiger der Euthanasie argumentieren gelegentlich, dass jede Einstellung einer Behandlung eines Patienten eine gerechtfertigte Unterlassung sei. Dies, so wird argumentiert, bedeute nichts anderes, als dass die Einstellung der Behandlung etwa bei einer Infektion nur dazu führt, dass „die Natur ihren Lauf nimmt“ und der Patient nicht durch die Einstellung medizinischer Maßnahmen, sondern durch die zugrundeliegende Krankheit stirbt. Doch eine solche Argumentation hat zwei Probleme: Zunächst ist die Rechtfertigung durch den Hinweis darauf, dass „die Natur ihren Lauf nimmt“, unberechtigt. Dies wird durch folgendes Beispiel deutlich (Oderberg 2005a, 74): Ein Arzt verschreibt einem Kind gegen eine Infektion Antibiotika, die dem Kind von den Eltern zunächst für vier Tage verabreicht werden. Anschließend stellen die Eltern die weitere Verabreichung der Medizin ein und das Kind stirbt. Können die Eltern ihre Verantwortung für den Tod des Kindes dadurch zurückweisen, dass sie darauf verweisen, dass „die Natur ihren Lauf genommen hat“? Natürlich sind die Eltern nicht für die Infektion selbst verantwortlich, aber sie haben als Eltern die *besondere Verpflichtung*, für das Kind Sorge zu tragen, und sind deshalb für den Tod des Kindes verantwortlich, wenn sie die Behandlung der Infektion abbrechen. Diese Verantwortung ist sowohl moralisch als auch kausal zu verstehen. Die aktive Einstellung der Behandlung durch die Eltern *verhindert* die Wiederherstellung der Gesundheit und *beschleunigt* den Tod. Dasselbe gilt nun auch für einen Arzt, der für die Behandlung etwa einer an einer Infektion erkrankten Patientin verantwortlich ist und der Patientin eine Behandlung vorenthält oder diese zu früh einstellt. Es macht sicher keinen Unterschied, dass die Patientin ohne Arzt ohnehin gestorben wäre (so wie wir alle einmal sterben werden). Das zweite Problem beim Hinweis auf den „Lauf der Natur“ besteht in der Verwechslung der gegebenen Situationen, die von großer Bedeutung sind. Die Einstellung der Behandlung kann sowohl eine Unterlassung als auch eine Handlung sein, je nach der zugrundeliegenden Situation. Unser Beispiel sieht aus wie eine Unterlassung durch Einstellung der Behandlung. Doch wie verhält es sich bei einem Fall, wo einem Komapatienten, der künstlich beatmet wird, die Beatmungsmaschine durch den behandelnden Arzt abgestellt wird, wo also ebenfalls eine Behandlung abgebrochen wird und damit scheinbar eine Unterlassung begangen wird? Kann man hier von einer Unterlassung sprechen oder ist es eine aktive Handlung? Was diesen Anschein einer Handlung erweckt, ist die Tatsache einer positiven Intervention (Abschaltung der Beatmungsmaschine) bei einer anhaltenden lebensverlängernden Maßnahme, die nicht anders erscheint, als wenn der Arzt den Patienten mit einem Kissen erstickt. Wenn nun nicht der Arzt die Beatmungsmaschine abschaltet, sondern irgendeine andere Person, die nicht zum Krankenhaus gehört, ist dies ganz offensichtlich eine Handlung und nicht eine Unterlassung. Andererseits lässt sich wohl schwerlich verständlich machen, warum es von der Person abhängen soll, ob etwas eine Handlung oder Unterlassung ist. Allerdings ist dies moralisch betrachtet auch unerheblich, denn wie schon zu Beginn dieses Abschnitts gesagt wurde, ist die Tötung durch eine Handlung ebenso verwerflich wie die Tötung durch Unterlassen, sofern die Intention in beiden Fällen die Tötung ist. Entscheidend ist also, wie schon gesagt wurde und durch die vorherigen Hinweise begründet werden sollte, die Intention, und nicht, ob es sich um eine Handlung oder eine Unterlassung handelt.

Die Intention darf nun aber nicht mit der Vorhersehbarkeit verwechselt werden, was nicht selten geschieht. Diese Unterscheidung steht in Zusammenhang mit der Theorie der Doppelwirkung, die ich zuvor vorgestellt habe. Die Intention bezieht sich auf den Zweck oder das Ziel einer Tätigkeit, während die Vorhersehbarkeit sich auf die Folgen einer Handlung bezieht. Wenn eine Ärztin einem Patienten eine Überdosis eines schmerzstillenden Mittels verabreicht mit dem Ziel, den Patienten „von seinem Leiden zu erlösen", d. h. ihn zu töten, dann handelt es sich um eine moralisch verwerfliche direkte Tötung. Das Gleiche gilt übrigens auch dann, wenn die Ärztin eine Überdosis dieses Mittel verabreichen will, aber versehentlich stattdessen eine Kochsalzlösung verabreicht, die keinerlei gesundheitliche Folgen für den Patienten hat. Moralisch sind beide Fälle gleich zu beurteilen, wenn sie auch juristisch unterschiedlich behandelt werden. Entscheidend für die moralische Beurteilung ist die Intention. Andererseits ist die Verabreichung eines schmerzstillenden Mittels. wie insbesondere Morphiums, mit der Intention der Schmerzlinderung, wobei der Arzt vorhersieht, dass diese Schmerzbehandlung das Leben des Patienten verkürzen wird, keineswegs moralisch verwerflich, sondern im Gegenteil gerechtfertigt. Für einen Konsequentialisten ist eine Unterscheidung zwischen dem, was jemand intendiert oder wünscht oder vorhersieht, bestenfalls eine semantische Unterscheidung ohne Relevanz für eine moralische Beurteilung, da für ihn allein die Konsequenzen einer Handlung (oder Unterlassung) eine Rolle spielen. Tatsächlich ist dieser Unterschied aber ganz erheblich, denn er gründet in der Natur der Dinge selbst. Ob eine Handlung vorhergesehen wird oder beabsichtigt ist, ist ein Unterschied, der die Identität der Handlung selbst betrifft. Die Bestimmung dessen, was jemand *tut*, ist nämlich abhängig von dem, was er *beabsichtigt*. Jemand, der beabsichtigt, das Leiden eines Patienten zu mildern, tut etwas anderes als jemand, der beabsichtigt, jemanden zu töten, selbst dann, wenn beide dieselben Tätigkeiten ausführen.

Gleichwohl besagt die überragende Bedeutung der Intention für die moralische Beurteilung einer Handlung nicht, dass eine handelnde Person, die bestimmte Ergebnisse vorhersieht, aber nicht beabsichtigt, keinerlei Verantwortung für die unbeabsichtigten Folgen hat. Hier verweise ich auf die vier genannten Bedingungen, die erfüllt sein müssen, damit eine doppelte Wirkung bei einer Handlung vorliegt.

Abschließend möchte ich noch auf einige Einwände gegen die hier vertretenen Argumente eingehen, wobei ich mich auf einen Beitrag der bereits zitierten Autoren Michael Quante und David Schweikard im *Grundkurs Ethik 2* (Ach, Bayertz, Siep 2011, 37–48) beziehe. Die Autoren versuchen zu zeigen, dass die handlungstheoretischen Unterscheidungen zwischen (a) aktiv und passiv, (b) tun und unterlassen und (c) beabsichtigen und in Kauf nehmen nicht geeignet sind, „eine trennscharfe Linie zu ziehen zwischen ethisch kategorisch unzulässigen und ethisch zulässigen Handlungen" (ibid., 41). Die Autoren gestehen zu, dass diese Unterscheidungen in unserem Alltagsverständnis einen festen Platz haben und „dass sich das Maß der ethischen Schuld auch an dem Grad der Aktivität und Passivität ausrichtet" (ibid.). Die Autoren meinen jedoch, dass sich daraus, für sich genommen, „keine tragfähige Grundlage für die ethische Bewertung" (ibid.) ableiten lasse. Warum dies nicht der Fall sein soll, wird aber nicht gesagt. Zumindest juristisch, wie auch in unserem „alltäglichen Weltbild", spielt es aber eine Rolle, ob jemand bei einem Einbruch nur Schmiere gestanden hat oder die Tür aufgebrochen hat. Doch gestehen wir einmal zu, dass Quante und Schweikard Gründe für ihre Behauptung haben, und belassen wir es bei diesem Hinweis. Problematischer sind die Einwände gegen die von mir und vielen aristotelischen Philosophen verteidigte Unterscheidung zwischen Tun und Unterlassen. Die von den Autoren gewählten Beispiele, die darauf hinweisen sollen, dass jede Handlung zugleich eine Unterlassung impliziert (einen Apfel zu nehmen bedeutet zugleich, es zu unterlassen, eine Banane zu nehmen), zeigen m. E., dass sie dieses Thema weitgehend kontextfrei behandeln. Es gibt kein einfaches „Apfelnehmen" ohne eine bestimmte Situation, in der dies geschieht, und diese Handlung wird, worauf ich zuvor hingewiesen habe, wesentlich von der Intention bestimmt. Zudem sind die gewählten Beispiele moralisch neutral und daher nicht geeignet, das eigentliche Problem von Handeln und Unterlassen angemessen zu erfassen. Auch wir gestehen zu, dass es „nicht einmal plausibel [ist] anzunehmen, dass Unterlassungen ethisch stets weniger gravierend sind als Handlungen" (ibid., 42). Dafür habe ich zuvor Beispiele genannt. Doch die Schlussfolgerung, die die Autoren daraus ziehen, dass deshalb diese Unterscheidung selbst überflüssig und moralisch irrelevant sei, ergibt sich daraus nicht. Ich habe zuvor zu zeigen versucht, dass diese Unterscheidung sehr gut begründet ist, dass sie ihr

Fundament in der Unterscheidung von Handlungs- und Unterlassungspflichten hat und dass sie immer im Zusammenhang mit der Intention gesehen werden muss.

Die Unterscheidung zwischen Behandlungsverzicht und Behandlungsabbruch, die ich wenige Absätze zuvor behandelt habe, wird von den Autoren auch negiert, allerdings ebenfalls ohne Argument, wenn man nicht die Aussage als Argument gelten lassen will, dass es keine „klare Grenzziehung zwischen dem kategorisch ethisch Falschen (Behandlungsabbruch) und dem nicht-kategorisch ethisch Falschen (Behandlungsverzicht)“ gibt (ibid.). Dass es in einigen Fällen keine eindeutige Grenze zwischen zwei Handlungsmöglichkeiten gibt, besagt nicht, dass es diesen Unterschied nicht gibt, sondern nur, dass dieser Unterschied nicht in allen Fällen klar bestimmbar ist. Auch hier behandeln die Autoren den Unterschied zwischen Behandlungsabbruch und -verzicht ohne den Kontext, nämlich ohne den Zusammenhang mit der Intention. Hat der Behandlungsabbruch die Intention, den Patienten zu töten, dann ist der Behandlungsabbruch moralisch nicht besser oder schlechter zu beurteilen als der Behandlungsverzicht mit der Intention, den Patienten sterben zu lassen, d. h. zu töten. Das hängt jedoch vom Kontext, von der Situation ab.

Mit der Bestreitung der dritten Unterscheidung zwischen Beabsichtigen und In-Kauf-Nehmen geht es den Autoren darum, die Theorie der Doppelwirkung zu widerlegen, die nach ihrer Meinung auf diesem Unterschied beruht. Die Autoren gestehen hier durchaus zu, dass man diese Unterscheidung machen *kann*, sie halten die Lehre von der Doppelwirkung aber für „unplausibel, da in unserer ethischen Praxis zwischen dem Beabsichtigten und dem lediglich in Kauf Genommenen keine kategorische Grenze verläuft“ (42). Wieder wird mit der Grenze argumentiert, also einer fehlenden klaren Unterscheidung zwischen zwei Entitäten. Ich halte dies für ein sehr schwaches Argument, zumal man mit Aristoteles darauf hinweisen kann, dass man nur so viel Klarheit verlangen kann, wie die Sache selbst ermöglicht. Doch dies ist nicht der entscheidende Einwand gegen die Argumentation. Zunächst wäre es hilfreich gewesen, wenn die Autoren die Theorie der Doppelwirkung zumindest grob umrissen hätten, oder zumindest die vier Bedingungen genannt hätten, die erforderlich sind, damit man von einer Doppelwirkung reden kann. Was aber auch im Argument der beiden Autoren wieder zum Tragen kommt, ist die unzureichende Unterscheidung zwischen Intention und Vorhersehbarkeit, die nämlich durchaus klar bestimmt werden kann. Auf diesen Unterschied habe ich weiter oben hingewiesen und er spielt bei der Lehre von der Doppelwirkung eine zentrale Rolle. Eine Handlung ist, auch nach Auffassung der Verteidiger der Theorie der Doppelwirkung, nicht automatisch moralisch gerechtfertigt, wenn z. B. der Tod nicht beabsichtigt, sondern nur in Kauf genommen wird. Ich habe aber auch darauf hingewiesen, dass sogar die Identität der Handlung von dieser Unterscheidung abhängig ist. Dass die Intention eines Handelnden nicht in jedem Fall objektiv bestimmt werden kann, mag juristisch durchaus von Bedeutung sein, nicht aber moralisch. Moralisch handelt es sich um zwei grundlegend verschiedene Handlungen, ob ich z. B. Morphium verabreiche mit dem Ziel, die Schmerzen und Leiden des Patienten durch dessen Tod zu beenden, oder ob ich das Schmerzmittel mit der Absicht injiziere, die Schmerzen zu lindern, was dazu führen kann, dass der Patient früher stirbt.

Dass die Autoren auf der Grundlage dieser Überlegungen zu einer „liberalistischen Position" mit dem „Recht auf die eigene Bewertung der eigenen Existenz" (43) in der Frage der Euthanasie neigen, ist nicht verwunderlich. Wenn auch die Begründung nicht im engeren Sinne konsequentialistisch ist, so greift sie doch in wesentlichen Punkten die Argumente des Konsequentialismus auf, die ich in diesem Buch kritisch diskutiert habe.

Die Grundlagen des Konsequentialismus wie auch aller anderen in diesem Buch vorgestellten Moralphilosophien sind letztlich subjektiv; ihnen fehlt ein ontologisch objektives Fundament, das in der

Lage ist, unser Handeln zu leiten. Wenn wir moralische Fragen stellen, dann wollen wir *objektiv* wissen, was gut und was schlecht bzw. böse ist. Dieses ontologische Fundament einer objektiven Ethik kann nur die Natur des Menschen sein. Aus der Natur des Menschen ergeben sich nicht nur die grundlegenden moralischen Gesetze und Prinzipien, sondern auch, mit Hilfe dieser Gesetze und Prinzipien, konkrete Anleitungen zu einem Handeln, das für uns gut ist, d. h. einem Handeln, das zur Vervollkommnung unserer menschlichen Natur und letztlich zur Glückseligkeit beiträgt.

Bibliographie

Einführungsschriften zur Ethik

ACH, JOHANNES S.; BAYERTZ, KURT; QUANTE, MICHAEL; SIEP, LUDWIG (HRSG.) ([4]2016): *Grundkurs Ethik 1. Grundlagen.* Münster: Mentis Verlag.

ACH, JOHANNES S.; BAYERTZ, KURT; QUANTE, MICHAEL; SIEP, LUDWIG (HRSG.) (2011): *Grundkurs Ethik 2. Anwendungen.* Paderborn: Mentis Verlag.

BIRNBACHER, DIETER ([3]2013): *Analytische Einführung in die Ethik.* Berlin: De Gruyter.

DÜWELL, MARCUS; HÜBENTHAL, CHRISTOPH; WERNER, MICHA H. (HRSG.) (2002): *Handbuch Ethik.* Stuttgart, Weimar: J.B. Metzler.

FRANKENA, WILLIAM K. ([3]1981): *Analytische Ethik. Eine Einführung.* Hrsg. von Norbert Hoerster. München: C.H. Beck.

HÖFFE, OTFRIED ([5]1997): *Lexikon der Ethik.* München: C.H. Beck

HÖFFE, OTFRIED (2013): *Ethik. Eine Einführung.* München: C.H. Beck

KÄLIN, BERNARD (1945): *Ethik.* Heusenstamm: editiones scholasticae 2011.

LAFOLLETTE, HUGH (2000): *The Blackwell Guide to Ethical Theory.* Malden, Oxford: Blackwell.

LUTZ-BACHMANN, MATTHIAS (2013): *Ethik. Grundkurs Philosophie. Band 7.* Stuttgart: Reclam.

ODERBERG, DAVID S. ([2]2005): *Moral Theory. A Non-Consequentialist Approach.* Malden, Oxford, Carton: Blackwell.

ODERBERG, DAVID S. ([2]2005a): *Applied Ethics. A Non-Consequentialist Approach.* Malden, Oxford, Carton: Blackwell.

QUANTE, MICHAEL ([5]2013): *Einführung in die Allgemeine Ethik.* Darmstadt: Wissenschaftliche Buchgesellschaft.

RIPPE, KLAUS PETER; SCHABER, PETER (1998): *Tugendethik.* Stuttgart: Reclam

VON KUTSCHERA, FRANZ ([2]1999): *Grundlagen der Ethik.* Berlin: De Gruyter.

WILLIAMS, BERNARD ([2]1994): *Der Begriff der Moral. Eine Einführung in die Ethik.* Stuttgart: Reclam.

Weiterführende und für dieses Buch verwendete Literatur

ALEXANDER, DAVID E. (2012): *Goodness, God, and Evil.* New York, London, New Delhi, Sydney: Bloomsbury.

ANNAS, JULIA (2006): Virtue Ethics. In: *The Oxford Handbook of Ethical Theory*. Oxford, New York: Oxford University Press 2006.

ANSCOMBE, ELIZABETH (1958): Modern Moral Philosophy, in: dies., *Collected Philosophical Papers*, Vol. 3: *Ethics, Religion and Politics*, Oxford 1981.

APEL, KARL-OTTO (1973): *Transformation der Philosophie* Bd. 2, Frankfurt a. M.: Suhrkamp.

BIRNBACHER, DIETER (1995): *Tun und Unterlassen*. Ditzingen: Reclam.

BIRNBACHER, DIETER ([3]2013): *Analytische Einführung in die Ethik*. Berlin/Boston: de Gruyter.

BITTLE, N. CELESTINE (1950): *Man and Morals. Ethics*. Milwaukee: Bruce Publishing Company.

BOYLE, JOSEPH (1987): *Nuclear Deterrence, Morality, and Realism*. New York: Clarendon Press.

BUTLER, JUDITH (2009): *Die Macht der Geschlechternormen und die Grenzen des Menschlichen*. Frankfurt am Main: Suhrkamp.

ELDERS, LEO J. (2009): *Die Ethik des Thomas von Aquin*. Bierbronnen: Schriftenreihe der Gustav-Siewerth-Akademie, Band 18.

FESER, EDWARD (2015): In Defense of the Perverted Faculty Argument, in: E. Feser: *Neo-Scholastic Essays*, South Bend, Indiana: St. Augustine Press.

FESER, EDWARD (2009): *Aquinas*. A Beginner's Guide. Oxford: Oneworld.

FESER, EDWARD (2015): *Neo-Scholastic Essays*. South Bend: St. Augustine Press.

FINNIS, JOHN (1980): *Natural Law and Natural Rights*, Oxford: Clarendon Press.

FINNIS, JOHN; GRISEZ, GERMAIN (1981): *The Basic Principles of Natural Law: A Reply to Ralph McInery*, in American Journal of Jurisprudence 26, 21–31.

FINNIS, JOHN (1983): *Fundamentals of Ethics*, Oxford: Oxford University Press.

FOOT, PHILIPPA (2001): Natural Goodness. Oxford: Oxford University Press. Deutsch: Natürlich gut. Frankfurt: Suhrkamp 2004.

GEORGE, ROBERT (1992): *Natural Law and Human Nature*, in: Robert P. George: Natural Law Theory: Contemporary Essays, Oxford: Oxford University Press.

GRISEZ, GERMAIN; BOYLE, JOSEPH (1987): *Practical Principles, Moral Truth, and Ultimate Ends*, In: American Journal of Jurisprudence 32, 99–151.

GRISEZ, GERMAIN (1965): *The First Principle of Practical Reason*, in: Natural Law Forum 10, pp. 168–96.

HARMAN, GILBERT (1981): *Das Wesen der Moral*. Frankfurt a. M.: Suhrkamp.

HARRIS, JOHN (1985): *The Value of Life*. London: Routledge.

HARTMANN, NICOLAI (1962): *Ethik*. Berlin: De Gruyter.

HOOKER, BRAD; LITTLE, MARGARET (2000): *Moral Particularism*; Oxford: Clarendon Press.

HÖFFE, OTFRIED (1997): *Lexikon der Ethik*. München: C.H. Beck.

HÖFFE, OTFRIED (2013): *Ethik*. München. C.H. Beck.

HORN, CHRISTOPH (2013): *Philosophie der Antike. Von den Vorsokratikern bis zu Augustinus*. Nördlingen: C.H. Beck.

HÜNTELMANN, RAFAEL (2012): *Grundkurs Philosophie 1. Werden, Bewegung, Veränderung*. Heusenstamm: editiones scholasticae.

HÜNTELMANN, RAFAEL (2013): *Grundkurs Philosophie 2. Metaphysik*. Heusenstamm: editiones scholasticae.

HÜNTELMANN, RAFAEL (2014): *Grundkurs Philosophie 3. Erkenntnistheorie*. Heusenstamm: editiones scholasticae.

HÜNTELMANN, RAFAEL (2015): *Grundkurs Philosophie 4. Das Leib-Seele-Problem*. Neunkirchen-Seelscheid: editiones scholasticae.

HÜNTELMANN, RAFAEL (2016): *Grundkurs Philosophie 5. Die Existenz Gottes*. Neunkirchen-Seelscheid: editiones scholasticae.

JENSEN, STEVEN J. (2015): *Knowing the Natural Law. From Precepts and Inclinations to Deriving Ought's.* Washington D.C.: Catholic University of America Press.

KANT, IMMANUEL (1785): *Grundlegung zur Metaphysik der Sitten.* Akademie-Ausgabe Kant Werke IV, Berlin: Walter de Gruyter 1968.

LISSKA, ANTHONY J. (1996): *Aquinas Theory of Natural Law. An Analytic Reconstruction.* Oxford: Clarendon Press, p. 139ff.

MACKIE, J. L. (1977): *Ethics: Inventing Right and Wrong.* London: Pelican Books.

MCDOWELL, JOHN (1994): *Mind and World*, Cambridge, Mass.: Harvard University Press.

MCNAUGHTON, DAVID (2003): *Moralisches Sehen. Eine Einführung in die Ethik*. Frankfurt: Ontos Verlag.

MOORE, GEORGE EDWARD (1996): *Principia Ethica.* Stuttgart: Reclam.

NAGEL, THOMAS (1991): *Die Grenzen der Objektivität. Philosophische Vorlesungen.* Stuttgart: Reclam.

NAGEL, THOMAS (2013): *Geist und Kosmos. Warum die materialistische, neodarwinistische Konzeption der Natur so gut wie sicher falsch ist*. Berlin: Suhrkamp.

NEWMAN, MICAH (2015) A Realist Sexual Ethics, in: *Ratio*, Vol. XXVII, No. 2, June 2015.

ODERBERG, DAVID S. (2000): *Moral Theory. A Non-Consequentialist Approach.* Malden, Oxford: Blackwell.

ODERBERG, DAVID S. (2000a): *Applied Ethics. A Non-Consequentialist Approach.* Malden, Oxford: Blackwell.

ODERBERG, DAVID S. (2004): The Structure and Content of the Good, in: D. Oderberg, Timothy Chappell (Eds.): *Human Values: New Essays on Ethics and Natural Law*, Basingstoke: Palgrave.

ODERBERG, DAVID S. (2007): *Real Essentialism.* New York and London: Routledge.

ODERBERG, DAVID S. (2010): The Metaphysical Foundation of Natural Law, in: H. Zaborowski (Ed.): *Natural Moral Law in Contemporary Society*, Washington D.C.: Catholic University of America Press, pp. 44–75.

ODERBERG, DAVID S. (2014): All for the Good, in: *Philosophical Investigations,* 4/2014.

ODERBERG, DAVID S. (2015): *The Metaphysics of Good and Evil. Lecture 2: A Theory of Privation*. Unpublished Manuscript.

ODERBERG, DAVID S. (2016): Finality Revived: Powers and Intentionality, in: *Synthese* 1/2016.

QUANTE, MICHAEL ([5]2013): *Einführung in die Allgemeine Ethik*. Darmstadt: Wissenschaftliche Buchgesellschaft.

RHONHEIMER, MARTIN (2001): *Die Perspektive der Moral: Philosophische Grundlagen der Tugendethik*, Berlin: Akademie Verlag.

RIPPE, KLAUS PETER; SCHABER, PETER (1998): *Tugendethik.* Stuttgart: Reclam.

ROSS, ELLIOT J. (1938): *Ethics. From the Standpoint of Scholastic Philosophy*. New Edition 2012, Heusenstamm: editiones scholasticae.

SANFORD, JONATHAN J. (2015): *Before Virtue. Assessing Contemporary Virtue Ethics*. Washington DC: The Catholic University Press.

SCHABER, PETER (1997): *Moralischer Realismus*. Freiburg i. Br.: Alber

SCHELER, MAX (1966): *Der Formalismus in der Ethik und die materiale Wertethik: Neuer Versuch der Grundlegung eines ethischen Personalismus*. Bern: Francke.

SCHMIDT, THOMAS (2015): Ethischer Intuitionismus und das Problem der Moralbegründung", in: Pfordten, D. v. d. (Hg.), *Moralischer Realismus?* Münster: mentis 2015, S. 185–199.

SINGER, PETER ([2]1993): *Practical Ethics*. Cambridge: Cambridge University Press, p. 96.

SINGER, PETER ([2]1996) *Animal Liberation. Die Befreiung der Tiere*. Ditzingen: Reclam.

SLOTE, MICHAEL (1992): *From Morality to Virtue*. Oxford: Oxford University Press.

SMART, J.J.C.; WILLIAMS, BERNARD (1973): *Utilitarianism: For and Against*, Cambridge: Cambridge University Press.

SOBEL, ALAN (1996): *Sexual Investigations*. New York: New York University Press.

STEMMER, PETER (2000): *Handeln zugunsten anderer. Eine moralphilosophische Untersuchung*. Berlin, New York: De Gruyter.

VEATCH, HENRY B. (1990): Natural Law and the 'Is'-'Ought' Question: Queries to Finnis and Grisez, in: Henry B. Veatch: *Swimming Against the Current in Contemporary Philosophy*. Washington D.C.: Catholic University of America Press.

VON KUTSCHERA, FRANZ (1999): *Grundlagen der Ethik*. Berlin, New York: De Gruyter.

WATT, HELEN (2016): *The Ethics of Pregnancy, Abortion and Childbirth: Exploring Moral Choices in Childbearing*. New York, London: Routledge, 2016.

WERNER, MICA H. (2002): Diskursethik. In: *Handbuch Ethik*, hrsg. Von Marcus Düwell, Christoph Hübenthal, Micha H. Werner, Stuttgart, Weimar: Metzler.

WIGGINS, DAVID (2000): Wahrheit, Erfindung und der Sinn des Lebens, in: Fehige, Christoph/Meggle, Georg/Wessels, Ulla (Hrsg.): *Der Sinn des Lebens*. München: dtv. S. 408–445.

WILD, JOHN (1948): *Introduction to Realistic Philosophy*. Neuauflage 2014 Neunkirchen-Seelscheid: editiones scholasticae.

WILD, JOHN (1953): *Plato's Modern Enemies and the Theory of Natural Law*. Neuauflage 2017. Neunkirchen-Seelscheid: editiones scholasticae.

WUELLNER, BERNARD (1956): *Dictionary of Scholastic Philosophy*. Neuauflage 2011. Heusenstamm: editiones scholasticae.

Grundkurs Philosophie in sechs Bände

Rafael Hüntelmann

Grundkurs Philosophie I
Werden, Bewegung und Veränderung
978-3-86838-524-3
130 Seiten, EUR 14,90

Grundkurs Philosophie II
Metaphysik
ISBN 978-3-86838-537-3
125 Seiten, Broschur, EUR 14,90

Grundkurs Philosophie III
Erkenntnistheorie
ISBN 978-3-86838-550-2
129 Seiten, Broschur, EUR 14,90

Grundkurs Philosophie IV
Das Leib-Seele-Problem
ISBN 978-3-86838-562-5
134 Seiten, Broschur, 14,90 EUR

Grundkurs Philosophie V
Die Existenz Gottes
ISBN 978-3-86838-569-4
158 Seiten, Broschur, 14,90 EUR

Grundkurs Philosophie VI
Natürliche Ethik
ISBN 978-3-86838-570-0
186 Seiten, Broschur, 19,90 EUR